JN309600

本は世につれ

ベストセラーはこうして生まれた

「週刊読書人」編集主幹
植田康夫

水曜社

本は世につれ　目次

※本文中の人名は敬称を略させていただきました。

1章　平和が訪れたとき、人々は何を求めたか

「ベストセラー」の初出は大正時代　6／江戸時代なら千部で万々歳　8
明治最大のベストセラーは『西國立志編』　9／玉音放送が生んだ二冊の本　11
出版人の八月十五日　12／敗戦に対処する手引　15／吉川英治と『日米會話手帳』　18
米兵に出くわし、ひらめく？　20／書店主が列をなして求める　22／猟銃による自死　25
目を見張るカタカナ化　28／焼酎で乾杯だ　31／「真相」という二字の力　32
脱稿待ちきれず二巻に　34／インフレで下巻の定価は二倍に　37
記録的部数からどん底へ　39／愛情はふる星のごとく　42
「遺書」「愛情もの」第一号　44／「愛」とベストセラー　46
不変のテーマ「愛」と「死」　48／言論・性の解放　50／太宰治の心中死　52
山崎富栄の日記　54／『斜陽』の鋭い時代感覚　57／「貴族の没落」は売れる　59

2章　読者を掘り起こす編集の力

戦後史の曲がり角　66／原爆被害を告発　68

生き残った人々は沈黙を守るべきなのか？　70／公募で決まった書名　72
戦後の時代が生んだ束の間の教育　75／〝山びこ〟を生んだ二人の裏方　78
クラス全員が著者　80／遠ざかる戦後の気運　82
タダの「送りつけ」成功、書評続々　84／ＧＨＱゆずりの教育法も寄与　86
『山びこ学校』と『少年期』の評価　88／ベストセラーづくりの名人　91
創作出版という実験　93／大きくなる宣伝の効果　95／一編集者の情熱　97
自身が共感し読者が共感する本　99／カッパ・ブックスの誕生　101
古雑誌から連作を掘り出す　103／出版路線変えた〝軽装版〟　105
〝新書〟が持っていないもの　107／新入社員の粘りと着想　108
色紙のカッパが生んだシンボル　110／編集者との共同作業による創作　112
タイトルの力で買わせる　114／社会キャンペーンの力を持つ本　116
大衆の気持ちをそそる　118／持つだけで英語に強くなる？　121

3章　文学がビジネスになった

激論の選考、『太陽の季節』　128／文学が事業となった　130
文学の〝戦後〟も終わった　132／太陽の子は稼ぐ　136／知られざる盗作疑惑　140
芥川賞をメジャーにした力　142／素人と才女の時代　144／写真を入れたムード広告　146
週刊誌の記事が火付け　148／大衆を引きつける面白さ　151

〝お産〟の本から〝性生活の知恵〟へ　154／モデル人形を使った視覚的な表現　155
メディアミックスの先駆　159／原稿は四百通を超す手紙　162／懸賞小説からのブーム　164
人間の原罪というテーマの奥行き　167

4章　ベストセラー現象の新しい光景

テレビ栄えて文学衰える　172／山口百恵の文才を見抜く　174
書いてみないか、と初めて言われ　176／嘘は書かないでほしい　179
タレント本を脱した〝トットちゃん〟　181／テレビ、ラジオのパブリシティが効果　184
書店の入り口を変えた本　186／家庭のもろさを生々しく描く　189
教育のテーマが主婦をとらえる　192／明るい死に方講座　195／巷の人々の言葉を拾う　197
テレビ出演者を見て企画　199／映像・本・音楽のメディアミックス　201
日本版オカルト・ミステリー　204／角川流　〝ギャンブルの張り方〟　205
常識や制度を破壊する眼　208／編集者が持つべき三枚のカード　211
二十五通目の手紙で初めて会う　213／口語体の歌集『サラダ記念日』　214
自由だがさみしくて孤独な若者たち　217／ベストテンに五冊の快挙　220
ミニ出版社のファンタジー　223／ネーミングとわかりやすい語り口　227
ケータイ小説とメディアの変化　230
あとがき　236

1章

平和が訪れたとき、人々は何を求めたか

「ベストセラー」の初出は大正時代

「歌は世につれ、世は歌につれ」という言葉があるが、これにあやかって「本は世につれ、世は本につれ」と形容できるのは、書物におけるベストセラーである。よく売れている本のリストが新聞や雑誌に掲載されるが、それらの書目は、ただよく売れた本というだけでなく、人々の関心が今、何に向けられているかを示すバロメーターの役割も果たしている。そこで、戦後のベストセラーをとりあげ、その内容や売れ方を考察することでベストセラー史をたどってみたいが、まずはベストセラーという言葉について、『出版事典』（出版ニュース社）が与えた定義を紹介しよう。

《ベストセラー　best seller　ある期間中に、発行された書籍のうち、高位の売行きを示す書籍。期間は週または月ではかられ、せいぜい年間に売れるものであって、数年にわたる物はむしろロングセラーに属する》

この定義によれば、ベストセラーとは、週間または月間あるいは年間などの一定期間に高位の売れ行きを示した書籍のことで、数年にわたって売れ続ける書籍はロングセラーと呼ばれる。

さらに『出版事典』は、一八九五年にアメリカの月刊文芸誌『ザ・ブックマン（The Bookman）』が〈よく売れる本〉の新刊書リストを掲げたのが、ベストセラー調査の始まりであると指摘しているが、『ザ・ブックマン』のベストセラー調査については、武田勝彦『アメリカのベストセラー』（研究社）と、丸善本の図書館長であった八木佐吉のエッセイ「ベストセラーズことはじめ」（『潮』一九八二年三月号）がより詳しい解説をしている。

まず武田によれば、一八九五年二月に『ザ・ブックマン』が創刊された時、編集者のハリー・ペックが「求められている本（Books in Demand）」というリストを載せることにしたが、その後、一九〇三年にこの表題が「六冊のベストセラーThe six bestsellers）」と改題された。「六冊のベストセラー」となったのは、おそらく、十二を単位とする一ダースの半分という数字と関係しているのではないかと思われるが、その後、「ニューヨーク・タイムズ」なども六冊のベストセラー・リストを掲載するようになる（現在はフィクションとノンフィクションに分けて十五冊ずつのベストセラー・リストが同紙日曜版の書評特集で紹介されている）。

八木のエッセイによると、『ザ・ブックマン』が掲載した「六冊のベストセラー」は、毎月、特定書店で最も多数売れた書物を六種取りあげたものであるというが、一九一〇年にはアメリカの書物誌『ブック・オブ・ザ・マンス（Book of the Month）』が百店を超える書店に協力を求めて、小説とノンフィクション（一般的な人文・文芸書）のベストセラーの書名リストを毎月掲載するようになる。

八木によると、このベストセラーという言葉が日本で初めて使われたのは、一九一四（大正三）年一月号の『學鐙』誌上であった。

江戸時代なら千部で万々歳

『學鐙』は丸善のPR誌で、今も月刊で発行されているが、八木によると、一九一四年一月号の同誌に掲載された安成貞雄の「米国の通俗小説家其《その》収入」というアメリカのベストセラーについて論じた文章の中にベストセラーという言葉が出てくる。その文章では「大売れ物」という言葉が使われ、その言葉に「ベストセラーズ」というルビが付けられている。

しかし、八木によると、「ベストセラーズ」という言葉も、邦訳語の「大売れ物」という言葉も、これ一回限りしか使われず、関東大震災後から昭和戦前期にかけての出版界では、〝忽《たちま》ち何十版〟とか、〝発売即日に〇〇版〟という広告文が使われるようになり、ベストセラーという言葉が一般的に日本で使われるようになったのは、第二次大戦後のことである。

だが、ベストセラー現象は日本でも以前からあり、ベストセラーを意味する言葉は江戸時代にもあった。そのことを、さきに紹介した武田勝彦の『アメリカのベストセラー』が、次のように指摘している。

《江戸時代には「千部振舞《ぶるまい》」という言葉があった。これがベストセラーの別名である。発行部数が千部になると、書店主と従業員がうちそろって氏神様にお詣《まい》りにゆく。そしてお祝いの宴《うたげ》を開く。それで「千部振舞」というわけなのである。江戸時代も末期になり町人の文化が発展すると文学物は大いに愛読された。柳亭種彦の「修紫田舎源氏《にせむらさきいなかげんじ》」三十八篇（一八二九—四二）は、一万五千部が売りさ

ばかれたと記録されている。この数字は当時の印刷技術を考慮すると信じ難いほどの数といえよう》

武田によれば、江戸時代の日本にもベストセラーを意味する「千部振舞」という言葉があったのであるが、ここに登場する「書店主」とは、現代における「書店主」とは異なる。現代の「書店主」は、文字通り書籍や雑誌を売る書店の主人のことであり、書店は本屋とも呼ばれる。だから、現代においては「書店主」とは、本屋の主人のことでもある。

しかし、江戸時代においては、「本屋」は出版社のことを意味していた。本を出版し、それを売るのが「本屋」だったのである。

江戸時代における「書店主」とは、現代においては、出版社の社長を意味し、出版物が千部売れると、従業員と共に氏神様にお詣りしたのである。

明治最大のベストセラーは『西國立志編』

江戸時代においては、出版物が千部も売れれば、氏神様にお詣りするほどのベストセラーであったのだが、明治になると、様相が異なってくる。江戸から明治へと時代が変わると、印刷技術も向上し、書物の発行部数も増大するからだ。

たとえば、明治五（一八七二）年から九年にかけて初篇から十七篇まで刊行された福沢諭吉の『学問のすゝめ』は毎篇二十万部以上の発行部数で、十七篇合わせると三百四十万部になると、瀬沼茂樹

『本の百年史　ベスト・セラーの今昔』（出版ニュース社）が伝えている。そして、同書によれば、福沢本以上に売れたのは、中村正直の訳で明治三―四年に十三篇十一冊が刊行された『西國立志編』で、刊行当時の様子は、次のような具合だった。

《石井研堂の伝記によると、摺師《すりし》、製本師など百人余が朝晩の別なく働いたが、需要に追いつかず、門前で催促する声がやかましかった》

ここに出てくる摺師とは、印刷の職人のことを指し、製本師とは製本職人のことであるが、中村正直の訳した『西國立志編』は、百人余の摺師、百人余の製本師が働いても、需要に追いつかないほどの売れ行きだったというのである。そして、瀬沼はこの光景について《敗戦直後に出版社に行列をしたという逸話に匹敵する盛況であった》とも書いているが、太平洋戦争が終わった昭和二十年、出版界には瀬沼が言うような盛況が見られた。

昭和二十年という年は、八月十五日正午に天皇がラジオを通じて玉音放送を行い、日本人が太平洋戦争に敗れたことを、否応《いやおう》もなく認識させられた年であるが、この年は、また戦後の出版史が新たにスタートした年であり、戦後のベストセラー史が多くのエピソードを提供しながら第一歩を踏み出した年でもある。

そして、ベストセラー史に関しては、いろいろな伝説と神話が生み出された。その伝説と神話は、昭和二十年八月十五日の玉音放送と深くかかわる形で生み出されたが、その伝説と神話は、どのようなものであったのだろうか。それをときほぐす手がかりとして、二冊の本を紹介したい。

玉音放送が生んだ二冊の本

戦後ベストセラー史をめぐる伝説と神話という言葉は、瀬沼茂樹『本の百年史　ベスト・セラーの今昔』と、井上ひさし『ベストセラーの戦後史』１（文藝春秋）で使われている。前者は《一種の伝説となっている》。後者は《いまや神話化しており、さまざまな機会に語られている》という表現を行っているが、両者が《伝説》《神話》になっていると指摘した戦後のベストセラー史にまつわるエピソードとは何か。

それは、昭和二十年八月十五日正午の玉音放送が生み出したとされるベストセラーについてのものである。その一つは、『日米會話手帳』であり、もう一つは『旋風二十年』である。このうち、『旋風二十年』はA５判の上・下二冊本であったが、『日米會話手帳』は、四六半截《はんせつ》判三十二ページの横長のサイズで、今なら本というよりもパンフレットと呼んだ方がよいかもしれない。

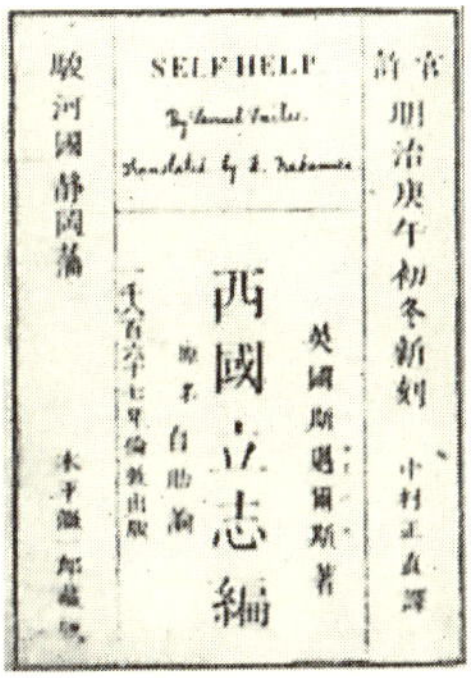

西國立志編（扉）
（国立国会図書館蔵）

これら二つの本が、いずれも昭和二十年の敗戦直後に刊行され、『日米會話手帳』は三百六十万部という大ベストセラーとなり、『旋風二十年』も上・下あわせて七十万部以上は売れたといわれる。しかも、両者とも、企画し発行にあたった出版人が、玉音放送を聞いたことが企画のヒントになったということが、伝説と神話を生む発端となっている。

その出版人とは、誠文堂新光社の創業者である小川菊松で、もう一人は鱒書房の創業者である増永善吉であるが、二人は八月十五日の玉音放送を聞いて両書を企画したといわれる。このことを、小川は『出版興亡五十年』（誠文堂新光社）という自著で書き、増永については、朝日ジャーナル編『ベストセラー物語』上（朝日新聞社）や大輪盛登『巷説《こうせつ》出版界』（日本エディタースクール出版部）で紹介されている。

戦後の出版史あるいは戦後ベストセラー史を書く場合、これらの本は有力な資料として用いられ、瀬沼茂樹や井上ひさしが書いているように、その中で述べられていることが、一種の伝説や神話と化しているのである。だから、戦後のベストセラー史は、これらの伝説や神話がどのようなものであり、真実とは何であったかという検証から始まると言ってよいのだが、その作業は玉音放送の検証を端緒とするのである。

出版人の八月十五日

昭和二十年八月十五日を日本人がどのように迎えたかを知るには、当時、さまざまな人によって書かれた日記が有力な資料となる。河邑厚徳編著『昭和二十年八月十五日　夏の日記』（角川文庫）もその一つであるが、本書の〈第三章　ドキュメント玉音放送〉によると、この日の日本放送協会のラジオ放送は、午前五時の開始が七時二十一分まで延期された。近衛師団の反乱軍が玉音放送を阻止するためのクーデターを起こしたからである。放送開始のアナウンスを担当したのは館野守男放送員であったが、彼の読んだ報道原稿は次のように始まっている。

《謹んで御伝へ致します。／畏《かしこ》きあたりにおかせられましては／この度　詔書を渙発《かんぱつ》あらせられます。／畏くも　天皇陛下におかせられましては／本日正午　おん自ら／御放送遊ばされます／洵《まこと》に恐れ多き極みでございます／国民は一人残らず／謹んで玉音を／拝しますやうに》

この原稿は《有難き御放送は／正午でございます》という言葉で結ばれているが、予告通り、正午の時報に続いて、《只今より重大なる放送があります。全国聴取者の皆様は起立を願ひます》と述べ、天皇陛下が《全国民に対し、畏くも御自ら大詔を／宣《の》らせ給ふ事になりました》と、和田信賢放送員が告げた。そして、「君が代」に続き、放送の十二時間前に録音された玉音の録音盤がまわり始めた。

《朕《チン》深ク世界ノ大勢ト帝国ノ現状トニ鑑ミ非常ノ措置ヲ以テ時局ヲ収拾セムト欲シ茲《ココ》ニ忠良ナル爾《ナンジ》臣民ニ告ク》

天皇自身による詔書朗読はこのように始まり、それはラジオの電波に乗せられたのだが、玉音放送が終わると、和田放送員が天皇に替わって詔書を朗読し、さらに内閣告諭による「聖断の経過」「平和再建の詔書渙発」などについて放送を行い、正午に始まった歴史的な放送は十二時三十七分に終わった。

和田放送員による詔勅朗読が行われた日、日本放送協会の女子放送員だった近藤富枝は放送員室にいて、スピーカーから流れる和田の放送を聞いていた。近藤はその時の様子を、雑誌に応募した手記で次のように伝えている。

《和田さんは名アナとしての令名も高く、またかけだしの私にとってこわい師でもあった。彼は室の隅の課長席に黙然と坐っていた。玉音による終戦の詔勅の前後にはアナウンスと解説的な放送があった。アナウンサーとしてこれは二度とあっていい役目ではないのである。しかしまたその職業意識から冥加な仕事でもあった。時刻が来て和田さんの格調のあるアナウンスが響いてきた。敗れた戦いへの感慨と共に、私は肇国以来の大事を国民に告知する放送表現の技術に頭を奪われた。それは同胞への愛と過去の日本への愛惜をさりげなく誠意のオブラートに包んで、押出す様な一語一語を、更に確かめ確かめ語る慎重なアナウンスであった。和田さんの生命の玉が言葉となって身体からまろび出る様な凄まじさを私は感じた。まもなく蒼白な顔をひきつらせて和田さんがスタジオから引き上げて来た。苦しそうに黒いネクタイをゆるめながら。私は思わず立上がり、人ごみをぬって一杯のコップの水を和田さんに届けた。「ありがとう」。和田さんは嬉しそうに応じて白いのどを反らせて一気に飲干した》(「私の八月十五日」、『週刊朝日』昭和三十八年八月二十三日号)

この玉音放送を国民がどのように受けとめたかを伝える日記が、『昭和二十年八月十五日　夏の日記』には収められているが、たとえば、作家の高見順は、こう書いている。

《十二時、時報。君が代奏楽。／詔書の御朗読。／やはり戦争終結であった。／君が代奏楽。つづいて内閣告諭。経過の発表。／――遂《つい》に負けたのだ。戦に破れたのだ》

また、当時、毎日新聞社東京本社の政治部副部長であった平岡敏男の日記には、こんな一節がある。

《正午、社で、陛下の御放送を聞く。／悲哀。痛憤。恐懼《きょうく》の錯雑。／大御心の有難さに、むせびなく。わなわなとふるひ泣く。何をかいはん》

昭和二十年八月十五日の玉音放送をめぐる事実経過と放送に対して国民がどのように感じたか、その一端を記すと右の通りであるが、誠文堂新光社の創業者である小川菊松と鱒書房の創業者である増永善吉も、この放送を聞いた。しかし、二人の出版人は、高見や平岡とは違った反応を玉音放送に対して示している。そして、このことが、戦後の出版活動の開始に結びつき、ベストセラー史の序幕となり、神話や伝説も生み出したが、そこには興味深いドラマがあった。

敗戦に対処する手引

小川菊松と増永善吉。この二人は玉音放送を聞いて出版の企画を行い、その企画をベストセラーに結びつけた出版人として知られるが、二人は同じ場所で一緒に玉音放送を聞いたわけではなく、別々の場所で聞いている。

小川は、千葉県の岩井駅、増永は伊豆の大仁《おおひと》温泉で聞いたのだが、このうち小川は、その時の様子を『出版興亡五十年』という自著に書いている。

《十五日、私は所用があって房州に出張していて、ラジオから流れ出るあの天皇陛下のお言葉を聞いたのは岩井駅であった。これを聞く多数の人々とともに溢《あふ》れ出る涙を禁ずることはできなかったが、帰京の汽車の中で考えついたのは『日英会話』に関する出版の企画だった。関東大震災の直後ヒットした『大震大火の東京』当時のことを思い出し、いろいろと方策を練りながら帰って来た》

ここに出てくる『大震大火の東京』とは、大正十二年九月一日に関東大震災が起こった直後に小川が刊行した本で、九月中に二万八千部を売り尽くしたが、講談社が同じような内容の『大正大震災大火災』という本を十月一日に刊行するという新聞広告を見て、すぐ増刷を打ち切った。

こんな体験のある小川は、何か大きな出来事が起こると、それに対処するための出版物を刊行するという鋭敏な感覚を持っていたため、日本が太平洋戦争に負けるという事態を迎えて、関東大震災の時と同じ行動をとったのである。そこで、小川は会社に帰って、長男の誠一郎のほか二人の社員が酒を飲んでいるところに割って入り、「どうだ。日米会話の手引が必要じゃないか」と言ったと自著に書いている。ところが、三人はその言葉に驚くばかりで、反応を示さない。そのことについて、小川は《事実、皆の顔には、ただ終戦になったことだけが馳《か》けめぐっていて、これからどうしようかまでも考えられなかったのだろう》と社員たちの反応を肯定し、こう書いている。

《それが当然なことで、私の頭の働きはどうかしているのかも知れない。事実、私のように永い間、出版一途《いちず》に生活し、しかも出版を時期にマッチさせることをもって最大の快事と考えているもののみの頭の動きであったかも知れない》

そして、この時、小川は敗戦によって、《戦勝国である米英から相当の圧迫を受け、神や仏にでもすがって、我慢しなければ、到底堪えられない様な世相が出現することを予想し、宗教的なものの出版について、一応は考えていた》と告白しているが、《今回は過去の状勢とは大きなちがいなので、突嗟《とっさ》ながらも先《ま》ず第一に「日米會話手帳」を考えた次第であった》とも書いている。

『日米會話手帳』の企画の経緯について、このように書いた小川は、この時、一つの伝説が生まれたことも報告している。

《丁度、陛下のラジオ放送があったとき、私は仵誠《せがれ》一郎とその他の社員三人と共に、当時ラジオを備えてあった電話交換室で放送を聞いていた。そして皆と一緒に涙を出して聞いていた私が、陛下のお言葉が終り、皆がやっと顔を上げた瞬間に「どうだ。早速日米会話の本を出そう」といったというのである》

しかし、『日米會話手帳』が生まれるまでには、通説で伝えられている以外の事実があった。

そのことを紹介する前に、小川の『出版興亡五十年』がどのように戦後のベストセラー史に使われたかを見てみよう。

日米會話手帳

吉川英治と『日米會話手帳』

『日米會話手帳』が刊行された経緯については、小川が『出版興亡五十年』に書いていることが、第一次資料として用いられ、井上ひさし『ベストセラーの戦後史』１ではこう書いている。《小川菊松（一八八八―一九六二）がこの『日米會話手帳』を発案した事情についてはいまや神話化しており、さまざまな機会に語られているが、それらの神話をまとめて出版までの経緯を記すと、八月十五日の正午、小川は房総西線岩井駅で天皇の重大放送を聞いた。その帰途の車中で、「敗戦ということになればアメリカ兵がやってくる。そうなるとすぐおぼえなければならないのが英会話だ」とぶつくさ呟《つぶや》いているうちに、「そうだ、英会話の本を出そう」とひらめいた》

このことについては、かく言う筆者も小川の『出版興亡五十年』を典拠にして、戦後ベストセラー史の端緒について書いている。その一つは、昭和四十八年一月一日号の『週刊読書人』に書いた「戦後出版ヒット企画史」であり、もう一つは、南博＋社会心理研究所『続昭和文化　１９４５―１９８９』（勁草書房）所収の「『戦後』に対処した出版人たち」である。

このうち「戦後出版ヒット企画史」においては、前節で紹介した小川の言う《伝説》をまず紹介し、小川が会社の電話交換室で玉音放送を聞いたというのは《正確な事実》ではないと断り、実は千葉県の岩井駅で聞いたのが正しいと書いた。そして、後者では岩井駅で玉音放送を聞いたと小川が書いている部分の引用から始めた。

小川の書いた本を手がかりに、『日米會話手帳』出版の経緯について書かれた本は他にもあるが、小川が『出版興亡五十年』に書いていることは間違いなのではないかという指摘が行われた本もある。

藤田昌司『一〇〇万部商法　日米会話手帳から日本沈没まで』(地産出版)と、朝日新聞社編『日米会話手帳」はなぜ売れたか』(朝日文庫)に収められた武田徹「『日米会話手帳』とその時代」という論文である。

前者は戦後、ミリオンセラーとなった本をとりあげ、その出版経緯を明らかにしており、冒頭で紹介されているのは、ミリオンセラー第一号の『日米會話手帳』で、藤田は書き出しの部分では、小川が『出版興亡五十年』で書いている事実に拠《よ》りながら、経緯を述べているが、次のように話が転じる。

《もっとも加藤美生氏によると、この辺のいきさつは少しちがう。終戦直後、小川社長がすぐに出版しようと企画したのは吉川英治氏の作品で、加藤氏はその命を受け、疎開先の吉川氏を訪ねた。しかし吉川氏に執筆の意志がまったくなく、加藤氏はむなしく引き返す途中で目撃した米兵たちの様子を、社長に報告した。『日米會話手帳』の企画を小川氏が言いだしたのは、それからだという》

加藤美生は、『日米會話手帳』の原稿を書いた人だが、武田徹も彼に会っている。

米兵に出くわし、ひらめく？

『「日米会話手帳」はなぜ売れたか』に収められた武田徹の「『日米会話手帳』とその時代」の冒頭にも、こんな記述がある。《『日米会話手帳』が戦後初のベストセラーとなった経緯に関しては、今まで何度か雑誌などに書かれてきた。それは本書にも収録されている誠文堂新光社社史の、同社創業社長の故・小川菊松氏が記した内容を踏まえている。そこで小川氏は「終戦の日、所用で千葉に出かけ、岩井駅で終戦の詔勅放送を聞いた」、そして「帰京の列車の中で日英会話に関する出版の企画を思いついた」という主旨の文を書く》

ここに出てくる「誠文堂新光社社史」とは、小川の『出版興亡五十年』の抜粋だが、武田も一応、小川の文章に基づき、《『日米會話手帳』誕生のエピソード》を紹介する。しかし、このエピソードには《若干の脚色もあるようだ》と指摘し、前節で引用した藤田昌司の著書に出てくる加藤美生に会い、加藤が『日米會話手帳』について語った話を紹介している。

《小川氏は既に故人となっており、直接確かめるわけにはいかないが、引用中に名の出た加藤美生氏は御健在で、お会いして出版の経緯について聞く機会に恵まれた。加藤氏は言う。「僕の記憶はこうです。正確な日時はちょっと忘れたが、八月の二十日前後、小川社長の命を受けて僕は青梅の吉川英治さんの家まで原稿の依頼に出掛けたんですよ。ところがこれは丁重に断られた。君が戦後最初に来てくれた編集者だから力になりたいところだが、アメリカなりイギリスなりが来たら日本はどうな

るか分からない。もしここで軽々に引き受けて後で立ち行かなくなり、迷惑かけたら申し訳ないからと言われました」》

そして、これに続けて、加藤は帰路に立川駅で青梅線から中央線に乗り換えようとして、「運命の出会い」をしたことについて武田にこう語った。

《黒人の米兵がいましてね。そりゃ恐《こわ》かったですよ。遠巻きに避けて通った。ただ連中が英語で話しているのを見て、ひらめいたんですな。そして会社に帰ってから小川社長に言いました。英会話の本をやりませんかと。だから彼が岩井で思いついて僕に命じたというのはちょっと違う》

この加藤の談話は、藤田昌司の『一〇〇万部商法』での指摘と共通の内容だが、二人の指摘を総合すると、『日米會話手帳』出版の経緯に関するエピソードは修正されるべきである。ただ、加藤は武田に対し、小川から『日米會話手帳』作りの命を受けたことは否定したが、「小川さんはとにかくカンの良い人だから、彼も彼なりに英会話本を考えていたことに間違いはないだろうと思います」と付言した。

こうした事実があったとはいえ、『日米會話手帳』には、戦後第一号のミリオンセラーを象徴するエピソードが他にもある。それは企画が実行に移される過程と、出版が実現してからのものであるが、最初、『日米會話手帳』は出版に対して強硬な反対が社内にあった。それは小川菊松の長男で副社長の誠一郎からの意見で、誠文堂新光社は《今まで科学出版で来たのに、突然、英会話の本を出すなんてみっともない》（武田論文）というのである。

書店主が列をなして求める

『日米會話手帳』が出版された頃、加藤美生は誠文堂新光社発行の『科学画報』の編集を担当していたが、『日米會話手帳』を出版しようとする小川菊松と、それに反対する誠一郎との間に挟まれ、困ってしまった。仕方なく、しばらくほうっておいたが、そのままにしておくわけにもゆかなくなった。その辺の事情を、加藤は武田に語っている。

《「ところがある日、会社で社長に、あれはどうしたと迫られた。僕が検討中だと答えるでしょう。すると次の日、机の上に『馬鹿《ばか》の考え休むに似たり』と書いた紙が貼《は》ってあるんだな（笑）。こりゃかなわないと思って二代目に、こうなったらやりましょうと言い、誠文堂ではなく子会社の科学教材社から出版することで妥協して貰《もら》った。まだ九月にはなっていなかったころだと思う」》（武田論文）

『日米會話手帳』のことについては、誠一郎も証言を残している。日本出版クラブ発行の『出版クラブだより』第四十四号（昭和四十四年三月十日）に書いた「茫々《ぼうぼう》の詔と語らい　終戦日という話」においてだが、誠一郎はこう書いている。

《あの十五日、生き残り社員と飲んでいた時か、二、三日あとのことか、記憶は薄れているが「これからはアメリカさんの時代だ、会話の本を出そうじゃないか」と突然父がいいだした。どこかの古本屋で仕込んできた本を種にして、出版にふみきったものの、私はさて弱ったと思うことだった。

「子供の科学」「無線と実験」あるいは本多光太郎先生の「鉄及び鋼」小久保先生の「航空機用軽合金」など、戦時日本に役立つ本を出しながら、百八十度の転換、私としても迷わざるをえなかった。しかし「これが商売なんだ、時世にあう本を出して何が悪い」とつめよられ、急遽《きょ》出版したのが「日米会話手帖」である。
　大日本印刷の協力もありがたかった。川越、宇都宮、名古屋、京都、九州でも印刷、紙型を貸した書店もあって、部数ははっきりつかめぬが、四百万部をこえたことは確実である。こうしたことは、日本の出版界に、その例がないのではないかと思っている。出版でむずかしいのは、再版で左前になった社もあるほどだが、何十万部も再版また再版で、しかもそれが行列をなして買われたのであるから空前のことだった。平和になって、社はまたもとの堅実さにかえったが、ああしたことを、たまには再現してみたいものである》
　この証言で興味深いのは、小川菊松が『日米會話手帳』の刊行を提案したのが、八月十五日か、二、三日あとのことだったか記憶が薄れているということである。この証言の前半には、《戦勝用にと残しておいた英国産のウイスキーもムダになってしまった。とにかく飲んでからと、景気をつけているうちに、出張していた父が房州から帰ってきたようだった》と書いているので、菊松が千葉から帰って来たのは事実なのだが、誠一郎の証言では、八月十五日に菊松が『日米會話手帳』の提案をしたのかどうかは定かでない。
　こうした事情はあったものの、出版が決まり、原稿は加藤が書くことになった。これについては、加藤の息子で後に誠文堂新光社の編集局長になった加藤美明がこう語っている。

「早稲田大学を出ているのだから英語ぐらいできるだろうと、うちの親父《おやじ》に白羽の矢が立ったようです」（仲宇佐ゆり「書籍のミリオンセラー」、『新潮45』二〇〇七年一月号）

さらに、加藤美明は語っている。「親父が日本語の単語を書いて、それを東大の大学院生で後に中央大学教授となる板倉勝正さんに発音してもらい、カタカナで書きとめた。必要最低限の英文を載せる方針だったので、削りすぎて余白ができてしまった。そこをメモ欄にしています」（同）

原稿作りには、戦時中に発行された日中会話とか日タイ会話などの本を参考にして、《編集方針は「持っていれば何かの時に役立つような、最低限の例文を載せよう」というものだった》（武田論文）が、全体は、Ⅰ日常会話（Everyday Expressions）、Ⅱ買物（Shopping）、Ⅲ道を訊《たず》ねる（Asking the way）と三章立てになっており、日常会話の冒頭は、「有難う」という言葉が横書きされ、その下に「Arigatō」とアルファベットで書かれ、右側に「Thank you!、キンキュー」と、英文とカタカナの発音が二行書きで示されている。この章の最後は「今忙しくて駄目です」という言葉が紹介され、「Sorry, I'm in a hurry, ソリ、アイム イナンリ」というぐあいに英文とカタカナ発音が示される。

またⅡ買物、の冒頭は、「ゐらっしゃいまし」で「Good day, sur, グッデイ サア」、Ⅲ道を訊ねる、の冒頭は、「郵便局はどこですか」で「Where is the post-office?、ウェヤ リ ザ ポーストフイス」となっている。そして、この章の最後となる項目27を本文の組みのまま紹介すると、左の通りである。

27. 私には直せません　I can't regulate it. アイカント レギュレイト イット

出版作業に入ると、一週間ほどで編集を終え、加藤は神田錦町の会社から市谷の大日本印刷まで大八車で紙を運び、九月十五日に発行した。小川は定価は五十銭とするつもりであったが、取次会社の日本出版配給株式会社が百万部引き受けるので一円にしろ、というので、中間をとり、八十銭とした。それでも注文に間に合わず、《少しでも多く分けて貰おうと全国の書店主が取次会社ではなく直接、誠文堂新光社の前で列をなした》（武田論文）という。

そして、三百六十万部以上売れたのではないかと加藤美生は推測し、「書名を『日米会話』にしたのが良かったたですね。〝英会話〟を名乗っていたら半分も売れなかったでしょう」と語っている（同）。しかし、小川はこの本を『ハンドブック日米會話』『ポケット日米會話』『日米交際の手引・會話と作法』などの類似本が出始めると絶版にする。『大震大火の東京』と同じ処置である。

このように、小川は出版に対して、始めるのも速いが、やめるのも速かった。そして彼は出版だけでなく、人生に対しても、終りを見きわめるのが速かった。彼は昭和三十七年、七十六歳で亡くなったが、病死でも事故による死でもなく、自死だった。

猟銃による自死

この年、誠文堂新光社は六月一日にパレスホテルで創立五十周年記念祝賀会を催し、小川は会長として、また息子の誠一郎は社長として祝賀会を主催したが、それから約一カ月後の七月三日午前八時二十分、小川は東京・牛込薬王寺の自宅において猟銃自殺をしたのである。生前から猟銃と射撃が趣味で、『狩猟界』という雑誌も発行し、日本狩猟犬協会を設立して猟犬の育成にも力を入れ、日頃から猟銃を身近に置いていたので、ヘミングウェイの如く、銃によって命を絶ったのである。

小川が自殺しようと思ったのは、昭和三十一年に九州の福岡で座談会を開催中、脳軟化症で倒れて以後、何かと体に不自由を感じるようになり、仕事が充分に出来なくなったことへの焦立ちがあったからではないかと推測される。

しかし、小川は病に倒れて以後も、『狩猟界』を三十二年に創刊し、オリンピックを目標に射撃技術の向上のため各種の射撃大会を開催したり、三十三年に狩猟犬協会を設立して会長になり、狩猟競技会を開催し、さらに三十五年六月一日、電波の日に『無線と実験』誌などの発行で無線界に尽した功績に対し電波管理局から表彰されている。また、三十四年には『出版の面白さむずかしさ』、三十六年には『日本出版界の歩み』（ともに誠文堂新光社）などの著書も刊行している。

そんな小川菊松会長が突然亡くなったことは、社員に大きな衝撃を与え、誠文堂新光社では七月十一日から八月三十日まで仕事を始める前の十分間、社員が一人ずつ会長の想い出を語り、その回想と七月十日に青山斎場で行われた葬儀での弔辞を収めた『おやじさん　小川菊松追悼録』が同社から三十八年七月三日に刊行された。その中で、社員代表の村儀安の弔辞には、こんなくだりがある。

《仕事が生活のすべてであった会長　朝九時出社され　夜の十時十一時まで仕事に励んでおられた会長　私たちは言いました「おからだに悪いから早くお帰り下さい」と　その時会長はこう言われ

ました「私の趣味は仕事だよ　私に気がねしないで遠慮なく帰っておくれ」と　その会長が病魔のため仕事を取り上げられたとしたら　その精神的お苦しみは私たちにもよくわかるような気がいたします　そして体力気力の限界をご承知になって自らお命を断たれました　ご立派かもしれません　しかし私たちにとってこんな悲しいことがあるでしょうか　五十周年を迎え　社始まって以来の喜びとそして今日社始まって以来の悲しみを味わったのです》

また講談社社長の野間省一の弔辞は、小川を次のように評価している。

《多くの先達や成功者に見るように小川さんも亦《また》波瀾に富み　精神と努力に満たされた御生涯でありました　小川さんがはじめて誠文堂を興されたのは明治四十五年の六月一日　それからかぞえて今年の六月一日がちょうど創業五十年に当った筈でありります

この五十年の間に小川さんの打ち出されたお仕事は多種多様の雑誌に於て書籍に於て　そのどれもがその時その時の時勢と風潮にあやまたず適合命中して何人の追随も許さぬ程斬新な企画振りでありました　この旺盛な企画力に加えて「考えたことは一刻も早く実行に移す」ということを口癖にしていられたように果敢断行打つ手も早ければ駆け出すことも速いという非常にすぐれた長所を持って居られました》

これらの弔辞には、小川の人柄と仕事ぶりがよく表わされているが、戦後最初のミリオンセラーは、このような出版人によって生み出されたのである。

目を見張るカタカナ化

ところで、『日米會話手帳』については、平成二十年五月に刊行された晴山陽一『英語ベストセラー本の研究』（幻冬舎新書）でもとりあげられており、『日米會話手帳』の目次を紹介し、《内容はこれだけである。日常会話と買物と道を訊ねるだけ。徹頭徹尾実用に徹し、余計な部分を一切そぎ落としたのが、この本の成功の一因だったのかもしれない。人々は、町でアメリカ人と遭遇した時に、この本さえポケットに忍ばせておけば何とかなる、という期待と興奮を覚えたに違いない》

と評し、さらにこう指摘している。

《内容には特筆すべき点はないが、目を見張るのは、カタカナで示された英文の読み方である。Good evening! を「グ・ディーヴニン（グ）」と表記し、How do you do? を「ハウ　ディ（ハウ　デイドゥ）」と表記している。これは、英語を聞こえるままに表記しようとした努力の結果であり、初めて英語に触れる読者に、カタカナだけで通じるようにしてやろうという老婆心の表われでもある。次の見開きにでてくる、I can't understand English. の読みは、「アイ　カーン　タングスタン（ド）イングリッシュ」となっている。can'tを「カーン」と伸ばし、音のつながり（リエゾン）を「タングスタン」と表し、末尾の（ド）を括弧にくるんでほとんど発音されないことを示している。戦後のこの時期に、社長自らが「拙速主義」と名づけたドタバタ編集作業の中で、ここまで「カタカナ化」の工夫をこらしているのは、感嘆に値する。小川氏が玉音放送の当日に社員に企画を命じたというのも脚色のうちであったとする見方もある。しかし、ひと月後の九月十五日に『日米会話手帳』が取次を通じて書店の棚におかれたのはまぎれもない事実であり、小川氏の速断と行動力には頭が下がる。誠文堂新光社が科学系の書籍の出版社であったため、物資の不足していたこの時期に、なお大量の紙を所有していたのも幸運だった。とにかく、書店に並べられた『日米会話手帳』は、あたかも乾ききったスポンジが水分を吸収するように、全国の読者が競ってこれを買い求めたのである》

刊行されて六十四年も経った時点で、英語学習ソフトの開発にあたり、受験生の指導にもたずさわっている著者によって書かれた本で、このように評価されている『日米會話手帳』は、戦後ベストセラー史の出発点に位置する本であると共に、戦後の英語本の第一号でもあったのである。だから、小川菊松が、戦後の出版界にのこした足跡は大きいのだが、彼は、猟銃による自殺という形で生涯を閉じた。その小川の告別式の「弔辞」と、社員による「会長の思い出」が収められた『おやじさん小川菊松追悼録』という非売品の本が、小川の亡くなった一年後に刊行されていることは既にふれたが、本書には、小川菊松の長男で、誠文堂新光社社長だった小川誠一郎の書いた「父のこと」という文章も収められている。その中で、誠一郎は菊松が『大震大火の東京』を『商店界』の主幹だった清水正巳が出勤用に使っていた自家用車のパッガードを乗りまわして撮った震災風景の写真を編集して《さっさと作ってしまった》と明かし、《日本全国が不安のさなかにあっただけに、またたく間に何万部を売り切ってしまったが、これはまさに神速機敏というか、神技といっても過言ではない》と評し、さらにこう書いている。

《第二次世界大戦、終戦の時もそうだった。焼夷弾で焼きつくされた東京は無残そのものであった。陛下の御詔勅とともに、平和を迎えたけれど、その瞬間思いついたのが、日米会話の本のことであった。敗戦をはじめて体験した日本人は、だれひとりとしてなすすべもなかった。出版社もまた同様であった。生き残った社員十何名、ただ茫然としているなかを、ひとり先頭に立って、緊急事の出版はこういうものとばかり、『日米會話手帳』という本をさっさと作りあげてしまったのである。堅い出版社である、科学出版社である、技術ものでなくては、と思っていただけに、この企画は社の全員が反対したのであった。だが元気のいい親父さんだけに、こんなことは問題ではなかった。出来あがった本は、パンフレット同然でチャチなものだった。しかし、この本のよしあしはべつとして、だれもが茫然としているうちに、さっさと考えを実行に移した手腕は、けたはずれであった。洛陽の紙価を高からしめるという表現が、文字どおり現出された。各地の印刷所で刷ったため、部数は今でもつかめないが、四百万近く売れたことは確かである。行列までして買ってくれたのであるから、夢物語でもあった》

戦後最初のミリオンセラーである『日米會話手帳』には、本にまつわるドラマだけでなく、出版を手がけた人物にもドラマがあったのである。

焼酎で乾杯だ

小川菊松と同じく、昭和二十年八月十五日の玉音放送を聞いて出版の企画をしたもう一人の出版人は、鱒書房の創業者である増永善吉である。彼は伊豆の大仁温泉でこの放送を聞いた。その時の様子を、大輪盛登『巷説《こうせつ》出版界』が、次のように描いている。

《「焼酎で乾杯だ。明日からは酒で乾杯もできるんだ」だが、増永のラジオの前にうずくまった町内の人々は、嗚咽《おえつ》し、うなだれつづけた》

皆が玉音放送を聞いて嗚咽しているのに、増永が笑っていたのには理由がある。彼は前日、町内の集まりでラジオを通じて天皇の重大放送があると聞いた時、「戦争に負けたということだ」と断定し、一緒にラジオを聞いていた人たちから「非国民だ！」「スパイ！」と非難され、袋だたきにあいそうになったからである。その時、増永は言った。「明日になればわかることだ。日本が負けたのでなかったら、そのとき殴ってくれ」

増永の断定が正しかったことを玉音放送が証明したのであるが、実は増永は昭和二十年四月、鈴木貫太郎内閣が発足した時、これは終戦内閣だと既に読んでいたのである。

増永は、昭和十四年に出版を始め、最初に『郡司大尉』という本を出し、十六年にはノモンハンで苦労した草葉栄大尉の『ノロ高地』を刊行して、百万部近くを売った。

こうした実績を持つ増永を、大輪は《時の流れの頂点をすす早く読みとるだけでなく、それをソロバンの上に翻訳できる才覚を持っていた》と評しているが、その増永が玉音放送を聞いてまず思ったことは、一般の国民がこれまで何も知らされていなかったということである。そこで、増永は《敗戦にいたる昭和の裏面史を出版してはどうだろうかと思い立った》（朝日ジャーナル編『ベストセラー物語』上）のである。

そして、増永は戦前に刊行していた「コバルト叢書《そうしょ》」というシリーズを復刊するため、画家の東郷青児を訪ね、雑談のうちに昭和裏面史の企画のことを話した。すると、東郷は毎日新聞の美術記者をしていた金子義男を紹介してくれ、金子は学芸部員の宮沢明義に相談し、仏印の特派員時代の仲間である森下春一に企画を持ちかけて企画が具体化してゆき、旧東亜部のメンバーをさそい、執筆スタッフをかためた。

《できることなら明日にでも出したいという出版社側の意向に従い、まずおおまかな見出しをたてたうえで、それぞれの分担を決め、数回の会合を重ねたのち、すぐ執筆にかかった》が、《九月いっぱいに原稿を渡すように日限をきられたために、あらためて調査しなおす時間的余裕もなく、資料室の資料がフルに活用された》（同）という。

こうして、グループ執筆という形で仕事が進められてゆき、著者代表には社会部長の森正蔵になってもらったが、難題は書名を何にするかであった。

「真相」という二字の力

『旋風二十年』は、毎日新聞社の旧東亜部のメンバーがグループで執筆し、社会部長の森正蔵が執筆代表になることによって、スピーディーに執筆が進んだ。この本の出版経緯については、文芸評論家で大衆文学についての多くの著作を遺している尾崎秀樹《ほつき》が増永に取材して執筆し、『ベストセラー物語』上の巻頭に収められている。

それによると、『旋風二十年』の著者代表となった森正蔵は明治三十三年生まれで、大正十三年東京外国語学校を卒業して毎日新聞社に入り、ハルピン支局長、モスクワ特派員、大阪本社ロシア課長、東京本社論説委員を経て、昭和二十年八月、社会部長となったが、その森を執筆者代表とする『旋風二十年』は、《『これが真相だ!!』という題名がはじめのうちは支配的だった》という。しかし、《あまりにも新聞記事そのままだと反対があり、社長案の『旋風二十年』におちついた》のだが、「真相」という言葉が、はじめ考えられた題名に使われたのは、本書が刊行された昭和二十年から二十一年当時、「真相」という言葉を冠したラジオの番組が制作されたり、雑誌が発行されたりするなど、この言葉が敗戦後の日本人の心情にアピールする力を持っていたからである。

ラジオ番組としては、昭和二十年十二月九日から二十一年二月十日まで十回にわたってＮＨＫラジオで「真相はかうだ」という番組が放送され、雑誌は『真相』（人民社）、『真相週報』（丸ビル週報社）などが発行された。

前者については、竹山昭子の「占領下の放送――『真相はこうだ』」という論文（南博＋社会心理研究所『続昭和文化　1945―1989』所収）が詳細を伝えているが、この番組は日本に進駐した連合国軍総司令部（GHQ）の民間情報教育局（CIE）が企画したドキュメンタリー・ドラマで、《日本国民に対し、戦争への段階と、戦争の真相を明らかにし、日本を破滅と敗北に導いた軍国主義者のリーダーの犯罪と責任を、日本の聴衆者の心に植えつける》（竹山論文）ことを目的としていた。昭和二十一年二月十七日からは「真相箱」、二十一年十二月十一日からは「質問箱」となり、扱う内容も戦争に限定せず、労働組合、新憲法にまで広げ、二十三年一月四日まで続き、この月から毎晩放送の「インフォメーションアワー・社会の窓」に発展した。

また、雑誌の『真相』『真相週報』については、福島鑄郎『雑誌で見る戦後史』（大月書店）で紹介されているが、両誌とも、昭和二十一年の創刊である。そして、ラジオ番組の「真相箱」を採録した『真相はからだ』第一輯《しゅう》（聯合プレス社）と『真相箱　太平洋戦争の政治・外交・陸海空戦の真相』（コズモ出版社）が二十一年八月に刊行されている（竹山論文）が、『旋風二十年』はこうした時代のムードの中で刊行された。

脱稿待ちきれず二巻に

書名としては、《あまりにも新聞記事そのまま》という理由で「これが真相だ!!」という書名を避けた『旋風二十年』は、刊行の意図としては、CIE企画のラジオ番組「真相はかうだ」と似通っていたと言ってよい。なぜなら本書は、A5判の上・下二巻本で、上巻（一七四ページ）が昭和二十年十二月十五日、下巻（一八九ページ）が二十一年二月二十五日に刊行されたが、上・下巻とも副題に「解禁昭和裏面史」とあるからだ。

すなわち、本書は戦前、大本営発表のみで真実が伝えられなかった昭和の裏面史を伝えることを、二十年八月十五日の敗戦を機に解禁し、真実の歴史を伝えようとしたもので、「真相はかうだ」という番組が《日本国民に対し、戦争への段階と、戦争の真相を明らかに》（竹山論文）することを目的としたことと、相通じる内容であった。そのことは、『旋風二十年』上巻の〈序〉に書かれた次の一節が示している。

《いま本書が二十年の過去に遡《さかのぼ》って筆を起したことは、今日の悲しむべきわが転期の誘因が、すでにその当時に発芽し、生長して来たものと見るからに他ならぬ。この一書は必ずしも秘史と名づけられるものではない。しかしこれは、この激動期のさ中にあって報道の仕事に活動した新聞人が、その間に蒐《あつ》め得た貴重な材料と、新聞人の感能と技法とをもってものした史的報告である。従って、このなかのあらゆる章には、これまでさまざまな制約のために公にされなかった史実が、多分に織り込まれている》（現代仮名遣いに改めている）

こうした意図を持つ本書が、どのような内容であったかは、目次がよく示している。

〈上巻〉

一、張作霖の爆死
二、ファッショ団体を衝《つ》く
三、『宝刀』を抜いた関東軍
四、吹きまくる満州颪《おろし》
五、二・二六前後

〈下巻〉

一、支那事変の内幕
二、事変処理の裏面
三、破局に導いた枢軸外交
四、日米交渉の真相
五、風雲慌しき南方基地
六、『和製』ナチ東條軍閥
七、軍旗遂《つい》に落つ
八、『共貧圏』の確立へ
九、米国大使館に掲《かかげ》る星条旗

この目次を見るだけで、本書がどういう内容であるかがわかるが、上・下二巻となったのは、《全巻の脱稿を待ちきれず、とりあえず二・二六事件までをまとめて十二月十五日発行》(『ベストセラー物語』上)になったからである。そして、同書は、日刊紙に一回小さな広告がのっただけで、発売当日、出版元に購読者が朝早くからおしかけるほどの売れ行きを示した(同)。

インフレで下巻の定価は二倍に

『ベストセラー物語』上は、『旋風二十年』の売れ方について、こんな光景も紹介している。《神田の某書店では本をピラミッド型につみあげ、半端な値段なので、ツリ銭を別に用意し、行列をつくった客に、つぎつぎと手渡したということだ。紙、印刷事情ともにわるく、なかなか用紙が入手できなかったが、それでも翌年春に続刊された下巻とあわせて七〇〜八〇万部を売りきった》

ちなみに、この本は上巻の定価が四円八十銭であったが、下巻は二カ月後の刊行で頁数もほぼ同じなのにかかわらず、九円八十銭となっていた。そして、最初、四円八十銭だった上巻も、二十一年四月二十日刊行の再版の定価は九円八十銭となっている。これは、当時のインフレのすさまじさを物語っている。

前節に『旋風二十年』が、どのような内容であったかを目次で示したが、この本は、新聞記者が著者でありながら、まるで小説のような描写の文体で書かれており、上巻は次のように始まっている。

《大陸の夜明け前の空気は初夏の頃《ころ》といっても肌寒い。ほの暗い瀋陽駅の構内には刻々と盛装の人々が集まって来る。快晴を告げる朝陽がやがて照らし出した駅頭には奉天派の名だたる人々に交って日本の領事館員、軍人の姿もあった。張作霖の到着の時刻が近づくにつれて出迎えの人々は数を増し、整理も汗だくの憲兵や巡警の手に抜身の拳銃がピカリと光るのであった。

「さあ、いよいよ、到着だな」

人々の間にざわめきが生れはじめた時、突如、轟然《ごうぜん》たる爆音が起り、続いて小銃を乱射する音がかすかに聞えて来た。大元帥張作霖の特別列車を何者かが爆弾を以て爆破したのである。時これ昭和三年六月四日午前五時三十分の出来事である》

中国との戦争に日本がのめり込んでゆく端緒となった張作霖爆死事件から説き起す形で、『旋風二十年』は始まり、下巻の結びで戦前の昭和史の終末を描いている。

《米大使館本館の屋上高く、星条旗は誇らかに風に泳いだ。

嵐に包まれた日本の歴史は、ここに終った。南進北進、武力をふりかざした我等は敗れ去ったのである。

剣は突くことは出来るが、その剣の上に立つことは許されない――という『剣の戒《いましめ》』を、日本は身をもって体験した。武力の上に打ち立てた日本の歴史は、踏みにじられ、葬り去られたのである。

旋風二十年――戦乱の歳月は、戦火とともに消え、和平への道は開かれた》

この『旋風二十年』は、二十二年四月には改訂して合本で、三十年十二月には新書判スタイルの縮刷版が刊行されたが、森正蔵は、鱒書房において『旋風二十年』以外にも、昭和二十一年六月に『風雪の碑』、二十六年十月に『戦後風雲録』を刊行している。前者は明治三十四年（一九〇一）から昭和十七年（一九四二）の満鉄調査部事件に至るまでの約半世紀にわたる日本の政治運動や思想、文学、学術にわたる動向をたどり、後者は昭和二十年から二十六年までの占領下の日本で起った十大事件の真相をリポートした。ところが、これらの本を出版した増永善吉は、厳しい運命に見舞われた。

記録的部数からどん底へ

小川菊松とともに、戦後いち早くベストセラーを出版した増永は、波乱に富んだ出版人生を送った人でもあった。彼は『週刊朝日』の昭和三十一年十一月四日号で、「浮き沈み二十年　出版界に旋風を巻き起こした鱒書房元社長のキメ手は？」と題して、自分の過去を語っている。この記事は、「ベスト・セラーの分析」という特集の一編で、増永は戦前からの出版活動を語り、戦争が終わって、《焼野原の中に、ふたたび「鱒書房」のカンバンをかかげ、真っ先に手がけたのは、森正蔵の「旋風二十年」だった》と述べ、こんなエピソードを披露している。

《こうして、二十年の十二月はじめには本ができ上り、初版十万部を刷った。しかし、それは一週間持たなかった。合計三十五万部ぐらい、後に出した普及版を入れると、五十万ぐらいになっただろう。

私が朝九時前に会社へ行くと、まだカギがかかっているのに、入口に人だかりがしている。ドロボウでも入ったのかと思って開けてみると、「本を売ってくれ」といわれて、ビックリ仰天したものだ。ごく短い期間に、これだけ売れた本はほかにない。これまた新記録だった》

部数については、増永は普及版も入れて五十万部ぐらいだというが、増永の下で働いていた末永勝介は、「上・下巻とその合本を合わせてミリオン・セラーになった」と語っていたのを、塩澤実信『定本ベストセラー昭和史』（展望社）が紹介しているが、同書は『旋風二十年』の著者について、末永が次のように語ったと伝えている。

「最初は、朝日新聞の荒垣秀雄さんに頼んだのですが、考えさせてくれと、モタモタしていたので、これでは間に合わぬと、毎日新聞の森さんに頼み変え即決し、手分けして書いて、たしか一カ月半くらいで書きあげたものです」

ここでも、ベストセラーをめぐる神話と伝説の裏にある事実が明かされているが、ベストセラーを出版しても、出版社が永久に栄えるものでもないことを、増永の出版人生は示した。彼は、『週刊朝日』の記事で『旋風二十年』以後のことを、こう語っているのだ。

《その後の有為転変は、まことに目まぐるしいばかりだった。

やがて出版ブームが終ってパニックがやってきた。仙花紙の本が全然売れなくなり、いい紙の本が、前より安く出はじめた。出版界が安定期に移る時期がきたのである》

その頃、鱒書房は《物すごく本を出していて、文藝春秋をしのぐ勢いだった》というが、《これが、逆にブレーキになって、最悪の状態になり、全く反対の立場におかれるようになった》と、増永は鱒書房の倒産について告白している。だから、出版は《もっと合理的な企業になるべきものと思う》というのが増永の自戒である。

増永善吉は、このように頂上から奈落の底へと落ちていった出版人だが、彼は自分が破産しながら、出版というメディアの将来については、鋭い予見を持っていた。『週刊朝日』の記事の冒頭において、昭和三十一年の時点で、こんなことを語っているからだ。

《ちょうど三年ほど前、ある出版物に年頭の所感を頼まれたので、出版界の将来の問題としてテレビを取上げたことがある。私はそれにこういう意味のことを書いた。

「テレビは将来、出版界に重大な影響を与えるだろう。早い話が、本を読みながらラジオを聞くことはできても、テレビを見ながら本は読めない。テレビが一般に普及すれば、本を読む時間を奪われてしまう。必ずテレビが出版の死活的な問題として取り上げられる時がくるだろう。

その対策はただ一つ、テレビとタイ・アップすること以外にない」

今でも、こういういい方は極論といわれよう。ましてや当時は、テレビの試験放送が始まったぐらいのところだったと思う。とんでもない極論といわれた。しかし、アメリカでは、もう一歩進んで、テレビを音、画像もろともに収録するテープ（ビデオ・テープ）がすでにできている。今日のテレビの普及ぶりを、三年前にはだれも信用しなかった。それと同様、今ではまだ、だれも信用しないだろうが、将来必ず、このビデオ・テープが王座を占める時がくる。何しろ、自分の好きなものを、好きな時に見られるのだ。出版など、物の数で無くなる――。
三年前も、今も私の念頭を去来するのは、この考えである。今さら、二十年間やってきたことを振り返ることは気が進まない。しかし、商売として出版を考える時は、やはり、一番売れそうなものを考えている》
ここで、増永が予測したことは、後に現実となった。本書の後半に出てくる「テレセラー」という言葉が象徴する現実だが、そこに至るまでには、まだ多くの歳月を必要とした。

愛情はふる星のごとく

戦後のベストセラー・リストを見ると、昭和二十一年と二十二年の一、二位は全く同じ本である。第一位が、森正蔵の『旋風二十年』で、第二位は尾崎秀実《ほつみ》の『愛情はふる星のごとく』である。後者は二十三年に出版ニュース社調査で第一位、(社)全国出版協会・出版科学研究所調査で第二位に入っている。

『愛情はふる星のごとく』について、まず指摘しておかねばならないことは、二十一年に出版され、三年間もベストセラー上位にあったこの本は、これまで紹介した『日米會話手帳』や『旋風二十年』と同じカテゴリーに入れることのできる本であるということだ。このように書くと、全然、内容の面で共通性を持たない三冊の本が、なぜ同じカテゴリーに入るのか、という疑問を持たれるかもしれないが、実はこれら三冊の本は、昭和二十年八月十五日以後でなければ出版できない本であった。

まず『日米會話手帳』。この本は英語を話す技術を教える本であるが、英語を敵性言語としていた戦時中の日本では絶対、出版することはできない本だった。そして、『旋風二十年』。この本も、大本営発表だけを信じさせられ、本当の歴史が伝えられることのなかった戦時中には、やはり出版が不可能だった。だから、二冊の本は『旋風二十年』の副題に使われていた「解禁」という言葉が表現するような時代が来なければ、けっして出版されることもなかったし、いわんやベストセラーになることもなかった。

では、『愛情はふる星のごとく』はどうか。甘ったるい、メロドラマを思わせるような表題のこの本は、どうして前記の二冊の本と同じカテゴリーに入るのか。実は、この本の著者は、戦後でなければ容認されない人物であったからである。

愛情はふる星のごとく

尾崎秀実は、昭和十六年、ゾルゲ事件に連座して検挙され、十九年に処刑されたが、彼はソ連のスパイと称されたゾルゲとかかわることで、反戦活動をするという使命感を持っていたのだが、国賊的な犯罪者としての烙印《らくいん》を押され、刑場の露と消えた。

そのような人物が著者である本が出版できることになり、三年間もベストセラー上位に位置したのは、八月十五日を境とする日本の社会の変化によるもので、『愛情はふる星のごとく』は『日米會話手帳』や『旋風二十年』と同じ性質を持つ本だったのである。

しかし、この本は後のベストセラー史にも影響を与える特殊な性格も持っていた。それは、本書が『愛情はふる星のごとく』という題名であったということとかかわる。もし、この題名でなかったとしたら、いくら時代の変化がこの本の出版を許容するようになっていたとしても、ベストセラーになったであろうかという疑問を持たざるを得ない。

それというのも、本書は『愛情はふる星のごとく』という題名にならなかったかもしれず、もう一つの題名を用いていれば、絶対、ベストセラーにはならなかったと思われるからだ。

「遺書」「愛情もの」第一号

『愛情はふる星のごとく』の原稿は、ゾルゲ事件に連座して入獄した尾崎秀実が、獄中から妻英子と娘楊子にあてた書簡である。その一部は本になる前、『世界評論』と『人民評論』の二十一年二月号に掲載された。

そして、単行本として刊行されたのは、『世界評論』の発行元である世界評論社からだったが、この出版社は、小森田一記と、後に青地晨《しん》のペンネームで評論家となる青木滋の二人によって作られた。二人は戦前、中央公論社の編集者で、戦時中、横浜事件という特高警察による言論弾圧事件によって逮捕され投獄されたことがある。

二人は、中央公論社にいた頃、尾崎秀実の世界情勢に対する分析が優れていることを評価していたが、小森田が社長で、青木が編集長であった世界評論社の雑誌に尾崎の書簡が掲載されることになったのは、尾崎の友人である松本慎一から青木が書簡を見せられたからである。松本は、尾崎の思想を世に紹介したいという思いで、青木に書簡を見せたのであるが、青木はＮＨＫのテレビに出演した時、戦時中、西園寺公一から尾崎の書簡については聞いていたと語っている（扇谷正造『現代マスコミ入門』実業之日本社）。西園寺は尾崎・ゾルゲ事件にかかわり、そのことで、官憲からにらまれたことがあり、尾崎のことをよく知っていたからである。そうした経緯はあったものの、尾崎の書簡は『世界評論』に掲載された時は「遺書」という題名であった。

一方、『人民評論』に発表されたものは「愛情は降る星の如く」となっており、それは、書簡の中の次の部分からつけられたものである。

《思えば私は幸福な人間でした。この一生いたるところに深い人間の愛情を感じて生きて来たのです。わが生涯をかえりみて、今燦然《さんぜん》と輝く星の如きものは、実に誠実なる愛情であったと思います。友情はそのうちに一等星の如く輝いています》

世界評論社では、この書簡を単行本として刊行することを企画し、松本と同じく尾崎の友人だった風間道太郎の編集で、妻英子が「注」をつけて二十一年九月に刊行された。その時、小森田一記は、題名を「遺書」ではなく、『愛情はふる星のごとく』とした。これは『人民評論』発表時の題名である「愛情は降る星の如く」の「降る」と「如く」という漢字を平仮名にしたもので、字数としては多くなっている。

これは、小森田が戦前、中央公論社で三年間『婦人公論』を編集した時、長い題名をつけたという記憶があったからである。また「愛情」は、戦争直後の婦人たちがこの言葉に強く魅《ひ》かれていることを、小森田が認識していたからであるが、この言葉を使ったことが本書に対する関心をよび、《初版一万部、以後は毎月一万部ずつ増刷し、二十三年までの三年間に、総計二十万部は出したという》(瀬沼茂樹『本の百年史　ベスト・セラーの今昔』、出版ニュース社)。

そして、この本は後のベストセラー史において有力なジャンルとなる「愛情」をテーマとした本の第一号となったのであるが、「愛情もの」と呼ばれる本のことについては、もう少しふれておく必要がある。

「愛」とベストセラー

戦後のベストセラーには、尾崎秀実の『愛情はふる星のごとく』以外にも、「愛情」あるいは「愛」という言葉を題名にした本が目立つ。(社)全国出版協会・出版科学研究所発行の『出版指標年報』の巻末に付いている「戦後のベストセラーズ」というリストを見ると、次のような名前があがっている。

▽一九五四年＝J・ローゼンバーグ『愛は死をこえて』（光文社）
▽一九五七年＝田宮虎彦・千代『愛のかたみ』（光文社）
▽一九六二年＝山口清人・久代『愛と死のかたみ』（集英社）
▽一九六四年＝河野実・大島みち子『愛と死をみつめて』（大和書房）
▽一九六五年＝佐伯浩子『わが愛を星に祈りて』（大和書房）
▽一九六八年＝御木徳近『愛』（KKベストセラーズ）
▽一九七〇年＝曽野綾子『誰のために愛するか』（青春出版社）
▽一九八一年＝加山雄三『この愛いつまでも』（光文社）
▽一九八四年＝小林完吾『愛、見つけた』（二見書房）
▽一九九〇年＝二谷友里恵『愛される理由』（朝日新聞社）
▽一九九六年＝大川隆法『愛、無限』（幸福の科学出版）
▽二〇〇三年、〇四年＝片山恭一『世界の中心で、愛をさけぶ』（小学館）

日本語の「愛」以外に英語の「ラブ」も加えると、一九七一年にE・シーガル『ラブ・ストーリィ』（角川書店）もあるが、右のリストのうち、一九五四年の『愛は死をこえて』の場合は、英語の原題は「愛」とは全然関係なく、〝Death House Letters〟で、直訳すると「死刑囚監房からの手紙」となる。そこで、出版元では社内投票の結果、女性編集者の提案した『愛は死をこえて』に決まったというが、もしも原題に忠実な書名であったなら、いくら内容が優れていても、ベストセラーにはならなかっただろう。同じことは、『愛情はふる星のごとく』にも言えるが、この本は『世界評論』に発表された時の「遺書」という題名でなかったために、戦後の「愛情」ものベストセラーの第一号になったのである。

ところで、戦後のベストセラーに「愛」をテーマにしたものが有力なジャンルとしてあることは、ベストセラーについて理論的に考察した本でも指摘されている。その一つは、辻村明『戦後日本の大衆心理　新聞・世論・ベストセラー』（東京大学出版会）であり、もう一つは見田宗介《みたむねすけ》『現代日本の精神構造』（弘文堂）である。二人の著者は社会学者であるが、辻村は戦後三十五年、見田は戦後二十年の時点で戦後のベストセラーをテーマで整理し、両者とも「愛」をテーマの一つにあげている。

不変のテーマ「愛」と「死」

二人の社会学者によるベストセラー論のうち、辻村明は戦後のベストセラーを、一般的ジャンル、テーマ、日本（伝統的価値）との関係、というぐあいに三つのカテゴリーに分け、テーマというカテゴリーでは、次のように分類している。

(一)愛と死　(二)笑い　(三)旅（冒険、探検）　(四)教育　(五)人生論　(六)世相　(七)政策論　(八)日本人論　(九)謎、推理　(十)不安、恐怖、占い　(十一)戦争、独裁　(十二)伝記（人物論）　(十三)青年　(十四)老人　(十五)女性（男女関

係、セックス）㈩告発（暴露）㈩その他

このうち、辻村は㈠から㈣までのテーマを特に分析したいと述べ、《「愛と死」というテーマは、戦後三十五年間でむしろ変らないテーマで、いつの時代にも受ける不変の相を代表している》と指摘している。

ただし、辻村は「愛」だけでなく、「愛と死」というテーマも設定しているので、永井隆『この子を残して』、花山信勝『平和の発見』、『きけわだつみのこえ』、アンネ・フランク『アンネの日記』などのように、「愛」という言葉が題名にない本もあげ、「愛と死」というテーマの本が、なぜベストセラーになったかについて、こう論じている。

《「愛」も「死」も、ともに人間の根本存在にかかわるものであるから、「愛」だけでも大きくアピールするものをもっている。しかし更に「愛と死」とが絡み合い、「愛」が「死」によって挫折したり、「死」が「愛」によって支えられたりするものは一層の感動を呼びおこし、いつの時代にも大きな反響を呼んでいる》

ここで指摘されている《「愛」が「死」によって挫折》するのが『愛情はふる星のごとく』であり、その「死」は《処刑による「死」》であった。

また見田宗介は、戦後のベストセラーのテーマを㈠現代史と現代社会への関心、㈡見知らぬ世界への関心、㈢人間の生き方にたいする関心、㈣恋愛とセックスにたいする関心、㈤子供と教育にたいする関心、㈥ユーモアと機知への関心、㈦実用的な知識への関心、というぐあいに分類しているが、㈣

は「愛」につながると言ってよい。

この見田のベストセラーの分析を《貴重な仕事》であると評価しているのは、多田道太郎の「戦後ベストセラーの考察」（日本出版学会『出版研究』第二号、講談社）であるが、多田は『ベストセラー物語』上において「愛」というテーマでくくられる『愛情はふる星のごとく』が、《「愛情」レベルをテコとして（略）戦前のもっとも正統的な、もっとも直線的な行動的マルクス主義者の思想と人間性との理解に、戦後の読者大衆をみちびいたこと》と、《「愛情」の公開を、戦後ジャーナリズムの主流の一つにのせたこと》を評価している。

言論・性の解放

昭和二十一年と二十二年に二年連続してベストセラー・リストで第一位と第二位に入った『旋風二十年』と『愛情はふる星のごとく』は、二十年に戦後初のミリオンセラーとなった『日米會話手帳』と同じく、戦時中には刊行が不可能で、昭和二十年八月十五日以後でなければ刊行できない本であると、さきに指摘したが、二十一年と二十二年は、こうしたタイプの本が他にも刊行され、ベストセラーとなっている。

たとえば、二十一年に永井荷風の『腕くらべ』（新生社）が第三位に入っているのは、この作品が《戦中禁圧されていた》（『本の百年史』）からであり、第四位の三木清『哲学ノート』（河出書房）、第九位の河上肇『自叙伝』（世界評論社）は、三木が二十年九月二十六日、思想犯として豊多摩刑務所で獄死し、河上が一貫してマルクス主義者として生きた人であったからである。また二十二年の第八位に宮本百合子の『風知草《ふうちそう》』（文藝春秋新社）が入っているのも、敗戦を境に復権した作家であるからだ。さらに、二十四年と二十五年に谷崎潤一郎『細雪』（中央公論社）がベストセラー上位に入っているのも、同じ理由によるもので、この作品は戦時中、『中央公論』に連載中、軍部から連載の中絶を命じられている。

そして、二十一年と二十二年にV・D・ヴェルデの『完全なる結婚』（ふもと社）がベストセラー上位に入っているのは、戦後の性の解放ムードと無縁ではなく、このムードは二十五年のD・H・ロレンス『チャタレイ夫人の恋人』上・下（小山書店）のベストセラーにもつながってゆく。

しかし、その一方で、二十三年には吉川英治が『新書太閤記』（六興出版社）と『親鸞』（世界社）で国民作家として復活し、二十四年には『宮本武蔵』（六興出版社）、二十六年には『新・平家物語』（朝日新聞社）というぐあいに、戦後においても売れる作家としての地位を築いてゆく。

誠文堂新光社の編集者が、『日米會話手帳』の企画よりも早く、吉川英治に作品の刊行を依頼した時は丁重に断わった吉川が、ふたたび文学活動を始めた二十三年という年は、文学界や、出版界に大きな衝撃を与える事件が起こった年でもあった。

その事件は、否応《いやおう》もなく多くの人々の耳目を集め、事件に翻弄《ほんろう》された人もいる。その一人が昭和五十年に刊行した『焼け跡は遠くなったか　ある人生派記者の戦後体験ノート』（学芸書林）という本には、こんな一節がある。

《「あれから、もう二十何年たつだろう」

と私は指をおり、いまさらのように歳月の流れの速さにおどろく。多彩な話題をおりこみ、ゆったりと構成された大河小説を読んでいるような気がするし、ドラマのつづきを見ているようである。

私の頭のなかで、回り舞台が逆方向にきしみながら動く》

太宰治の心中死

『焼け跡は遠くなったか』という本の副題にある「人生派記者」とは、朝日新聞社出版局で『週刊朝日』のデスクや編集委員を務め、後に朝日ソノラマ社顧問となり、児童文学者としても多くの著書を持つ永井萠二《ほうじ》のことである。永井は、さきに紹介した文章を、次のように続けている。

《昭和二十三年六月十五日——。太宰治情死という衝撃的な事件が演ぜられる舞台の左手には井の頭公園の森、正面に連日の雨で水かさをました玉川上水が音をたて、その向こうに下連雀という静かな町がひろがる。

じっさい太宰治は、芝居の書き割りをみるような小さな町で生活を演技していた。せまい地域に、太宰が美知子夫人と三児とくらしていた家。彼が仕事部屋としていた「千草」という小料理屋。そしてもう一人の主役、太宰の愛人の山崎富栄が借りていた家があった。当時の新聞の表現を借りれば、その点と線をたどりながら太宰は小説を書き、酒を飲み、女とあそび、そして失踪《しっそう》、入水という最終劇をつくりあげたのである。

だが当時、私は観客の一人ではなかった》

なぜなら、永井は《雨の中、この町に数日間にわたって繰りひろげられた、凄絶《せいぜつ》なスクープ戦の渦中にいた》からである。

では、何をスクープしようとしたのか。

《「山崎富栄は、太宰治に捧《ささ》げる日記を六冊のノートにつづっているそうだ。よし、そのノートを絶対に入手して来い。締め切りまで四日ある。いいか、全誌面をあけて待っている」

デスクの厳命が、たえず私の頭から離れず、ノート入手の糸口をつかもうとあせっていたのであった》（同）

太宰が山崎富栄と入水した事件は、新聞が大きく紙面を割いて報じたが、太宰は昭和二十一年に上京して短編を書き、二十二年夏から『新潮』に「斜陽」を連載、「人間失格」「ダス・ゲマイネ」などの作品を発表し、さらに五月には朝日新聞に連載小説の執筆も契約し、「グッド・バイ」という題名も決まっていた。

ところが、十三回で新聞小説の連載は中絶した。太宰は六月十三日夜失踪し、玉川上水に山崎富栄と入水、十九日早朝、井の頭公園裏で遺体が見つかったからである。その数日前、永井は『週刊朝日』のデスクからある指令を受けていた。デスクとは、後に『週刊朝日』の編集長となる扇谷正造であるが、彼は太宰に新聞小説を依頼した朝日新聞学芸部長の末常卓郎から山崎富栄のノートがあることを聞き、永井に「ただひたすらノートの入手だけに打ち込め」と命じたのである。

しかし、山崎富栄が働いていた「千草」という呑《の》み屋は、《弔問客や報道陣、太宰文学のファンでゴッタがえし、割り込むすきもないほどだった》(同)。そんな中で、永井は一生に一度の大芝居を演じ、他社の記者を出し抜いた。

山崎富栄の日記

永井萠二は、他社の記者たちも山崎富栄のノートを探しているのを横目に見ながら、ノートは富栄の父親である山崎晴弘のカバンの中にあると確信した。しかし、いきなりきり出せば失敗するかもしれない。美容師をしている富栄の姉を通して父親に頼んでもらうことにした。

翌日、「千草」に来た姉が、父はいま、外に出たので、富栄の死んだあたりを見に行ったのではないかと教えてくれた。永井が後を追うと、雨の中、父親は入水現場のあたりを歩いていた。永井はノートを貸して頂きたいと、くり返し頼んだ。しかし、父親は、これ以上、「太宰さんの遺族や世間をさわがせたくない」ので、「娘の日記は全部焼きすてるつもりです」と言った。その時思ったことを、永井は著書で告白している。

《しかし、父親の心情はわかっても、仕事は別である。扇谷氏の「全誌面をあけて待っている」という言葉が背後から私の胸をつきさす。

傘を持つ私の手がふるえた。

「お気持ちはわかります。でも、そのノートを焼いてしまえば、日本の文学史の上で価値ある証言を失うことになりますよ……」》

さらに、永井は言った。

《「もしも……もしも、そのノートを貸していただけないなら、このまま社には帰れないから、私もこの上水に飛びこむしかない」

そういう自分の声に私は興奮していた。今にも傘をすて、クツをぬごうとしながら、もう一度言った。

「お願いします、その日記を……」

「そうですか……」

お父さんは、苦しそうな表情で、

「そうまで思いつめたお気持ちなら……」

「……」

「ノートは全部あなたにお貸ししましょう。娘に死なれただけで十分です。これ以上、よそ様の大切な坊ちゃんを死なせるわけにはいかない」

と古びたこげ茶色のカバンに手をかけ、ためらいがちに開けはじめたのだった》

粗末な大学ノート六冊を、永井は必死の思いで有楽町の社に持ち帰った。扇谷は飛び上がって喜んでくれた。しかし、扇谷はさらに『斜陽』のモデルになった太田静子の隠れ家をつきとめ談話をとって来いと、永井に命じた。

富栄の日記は当時二十四ページしかなかった『週刊朝日』の誌面の大半をさき、「愛慕としのびよる死――太宰治に捧《ささ》げる富栄の日記」と題して、二十三年七月四日号に掲載されたが、日記には、富栄と太宰が失踪した二十三年六月十三日の項に、こう書かれていた。

遺書をお書きになり
御一緒につれていっていただく
みなさん
さようなら
父上様
母上様
御苦労ばかりおかけしました
ごめんなさい

この日記を掲載した『週刊朝日』は発売四時間で売り切れた。ところが、社内では業務部までが

「週刊朝日の品位をおとした」と批判し、読者からも編集長は辞めろ、という声が寄せられた。しかし、扇谷は「荒廃した戦後の社会的背景を持った大ニュースではないか！」と怒鳴り返し、出版局内報に反論を書いた。そんな騒ぎのあった年の前年十二月に新潮社から刊行された太宰の『斜陽』が二十三年のベストセラー第一位となるのである。

『斜陽』の鋭い時代感覚

太宰治の『斜陽』は、最初、『新潮』に昭和二十二年七月号から四回連載され、完結したのは十月号であった。この連載を編集者として担当した野平健一は、『斜陽』についての危惧を吐露している。

《…十月号の編集後記の一部に、いま読むと、ちょっと不思議な感じをいだくひともいるかもしれないようなことが書いてある。

「太宰治氏の長篇連載『斜陽』は、本号をもって完結した。七月号に第一回が発表されるや、各方面から激賞讃辞が殺到したが、現在までの連載ものでは往々竜頭蛇尾に了《おわ》る例が多かったので一抹の不安があったが、二回、三回と続くに従って、それらの讃辞が決して空虚でないことが事実として証明された。鋭い近代感覚と、高い文学精神とが、心にくいまでに巧妙な筆致で、この

斜陽

一篇を見事に完結させたのである。恐らく、この『斜陽』は、本年度日本文学における最高の収穫ではあるまいか」

「一抹の不安があった」という。『斜陽』にしてなおかつ、発表当時の編集部は、なにかのかたちの危惧《きぐ》を、持っていたということになるだろう。むろん理由はあった。ということは、三百枚余の原稿を編集部が全部手にし、あらゆる不安定な要素が消えたことを確認したうえで、連載をはじめたということになる。それは、またたぶん、編集部の見識にかかわりのあることとしてであったと思う。そのことが、上記の編集後記になってのこった》（共著『名著の履歴書』上、日本エディタースクール出版部）

野平は、太宰治書翰《しょかん》集に拠《よ》りながら、連載第一回の八十枚の原稿を伊豆三津浜の安田屋旅館でもらったのが二十二年三月六日で、書き上がったのが六月末であると書いているが、GHQの命令で実質的に七月に発行された『新潮』七月号で一、二章を掲載し、連載が始まった。

『名著の履歴書』では、さらに野平が『斜陽』のことを聞いたのは、昭和二十二年の正月、織田作之助の葬儀の時で、太宰の作品に傾倒するようになったのは、二十一年の十一月に、編集長から『親友交歓』という短篇の生原稿を読むように言われてからだと告白している。以来、野平は太宰の担当になったのだが、『斜陽』についてこんな指摘も行っている。

《「斜陽」には、その素材だけで、時流に投じたと思われるフシがたくさんある。現に、斜陽族という流行語の生みの母になった。文芸雑誌にのった小説の題名が、流行語になったことも、今日にして

なお珍しい事件といえようし、ベストセラーズの一つに数えられるにいたったユエンであろう》

しかし、『斜陽』がベストセラーになるプロセスについては、もう少し見ておく必要がある。その検証の手がかりを与えるのは、猪瀬直樹の『ピカレスク　太宰治伝』である。

「貴族の没落」は売れる

猪瀬直樹の『ピカレスク　太宰治伝』は、『ペルソナ　三島由紀夫伝』、川端康成と大宅壮一を描いた『マガジン青春譜』など作家評伝三部作の一つである。これらの三部作はいずれも『週刊ポスト』に連載されたあと、単行本として小学館から刊行された。後に同社が刊行した『日本の近代　猪瀬直樹著作集』に収録され、現在はいずれも文春文庫に入っている。

猪瀬の作家評伝は、彼が『ミカドの肖像』（大宅壮一ノンフィクション賞受賞）や『日本国の研究』（文藝春秋読者賞受賞）などをはじめとする著書で行ってきた日本の近代を検証する仕事の一環となるものだが、丹念な取材調査とテクストの徹底的解読、それにイマジネーションによる物語性の構築という方法を総合することによって、従来の固定した作家研究や文芸評論の枠を越え、新たな作家像を提示している。そのため、『ピカレスク』では、これまで弱々しい作家であるというイメージの強かった太宰像を修正しており、そのことによって、さらに太宰の師匠的な立場にあり、後見人的な役割を果たした井伏鱒二像も修正している。そのような野心的な試みを見事に成功させた『ピカレスク』

の第八章「山崎富栄の青酸カリ」において、太宰の『斜陽』を新潮社が昭和二十二年に刊行した意図について、猪瀬はこう書いている。

《『斜陽』が単行本として発売されたのは十二月に入ってからである。新潮社では用紙不足のこともあったが太宰治に対する評価を定めきっていなかった。ただ「斜陽」というタイトルとチェーホフの『桜の園』のテーマに重ねてみたい、という本人の主張を、時宜にかなっている、つまり商売になるな、と直観的に受け止めていた。なぜなら昭和二十一年十一月三日に新憲法が発布され、第十四条二項で「華族その他の貴族の制度は、これを認めない」とあり、農地解放で地主階級が解体されるし、軍人は戦犯として威勢は地に堕《お》ちた。戦後の混乱期の社会変動は新旧の勢力が入り乱れながら交代する時期である。これに乗じて誕生する成金もいれば、没落する貴族もいる》

猪瀬は新潮社が『斜陽』を刊行しようとしたのは、このような社会情勢の変化と、太宰が《「斜陽」というタイトルとチェーホフの『桜の園』のテーマに重ねてみたい》と考えたことが《時宜にかなっている、つまり商売になるな》と、《直観的に受け止めていた》からだと指摘し、さらにこう言う。

《新潮社が、「斜陽」の原稿をつぎつぎと掲載せずに完結まで待ったのは、情勢を読んでいたからでもあった。連載が終わった『新潮』十月号の編集後記に、そのあたりの事情が弁解染みた言い方で表現されている》

この「編集後記」はさきに引用した野平健一の文章の中に紹介されているが、猪瀬は『新潮』の昭和二十二年十月号の「編集後記」にふれて、さらに、こう書いている。
《太宰への評価は情勢の読みと微妙に関わりながら上っていったのである。
連載の最終回で、ヒロインに「古い道徳とどこまでも争い、太陽のように生きるつもりです」と決意させるところが好感をもたれた。「斜陽」は、のちに「斜陽族」として流行語になる。単行本発売に向けて機は熟していく》
ところが、社会情勢は『斜陽』にあやかった「斜陽族」という流行語を生み出すまでになりながら、当の太宰は皮肉にも斜陽族ではなく〝文学貴族〟になろうとしていた。その辺の事情も『ピカレスク』には次のように描かれている。
《八雲書店と実業之日本社の二社から太宰治全集刊行の申し入れが舞い込んだ。八雲書店に決め、すぐに準備に入った。暮らし向きが不安定な母子家庭の娘、美少女の林聖子を新潮社に就職させてあげることもできた。
新潮社へ寄れば社長応接室へ招かれ、『新潮』の齋藤十一編集長も、佐藤哲夫出版部長もすぐに顔を出した。野原と野平の二人の若手編集者がいつでも世話をしてくれる。そのまま上機嫌で野平を連れて新宿へ向かった》
ここに登場する林聖子は、母が新宿のカフェに勤めていた頃太宰が客だった縁で昭和十六年頃から太宰を知っており（『東京人』平成二十年増刊）、太宰の「メリイクリスマス」という作品のモデルとなった女性である。太宰は昭和二十一年十一月二十日、新潮社において、齋藤十一、佐藤哲夫、野原一夫、野平健一のほか、編集顧問の河盛好蔵を前にして、こんな意気込みを披露したと、『ピカレスク』にある。

「日本の『桜の園』を書くつもりです。没落階級の悲劇がテーマです。もう題名も決めてあります。『斜陽』。斜めの陽。『斜陽』です。どうです、いい題名でしょう」

のちに太宰の編集担当になる野平は、その作品が太宰の子供を生む太田静子の日記が素材となり、ヒロインは彼女がモデルになることは知らなかった。

単行本の『斜陽』は昭和二十二年十二月十五日に刊行され、体裁はB6判、二三一ページで定価七十円だった。『ピカレスク』によると、《新潮社は『斜陽』の初版を一万部としたが、二刷五千部、三刷五千部の準備をしており、予想通りすぐに増刷にかかった。それまで太宰の本は初版止まりで、復刊はあっても増刷の経験はほとんどなかった》というが、『ベストセラー物語』上には《初版約三万部（概算）で出発、予想外に売れて、版を重ねた》とある。

また加藤典洋の『太宰と井伏　ふたつの戦後』（講談社）にも、太宰について、こんな記述がみられる。

《当時の彼の文学的声望の高さは、さらにこんな事実からも裏づけられる。その一年半前、一九四六年の末、当時無名の三島由紀夫が、太宰のもとに顔を出している。また、前年、一九四七年の夏には、当時東工大の学生だった吉本隆明が戯曲「春の枯葉」の上演許可を得るため、やはり太宰に会いにきている。戦後の思想と文学の中核となる知識人文学者が、若年時にともに他でもない太宰を先行する代表的な文学者と見ている。太宰はこのとき、単に世間的に人気のある作家というだけでなく、文学者として、鋭敏な若者にとって、肯定するにせよ、否定するにせよ、その標的となる一種カリスマ的な小説家の位置にあった。これに加え、このとき、彼は、すでに家庭をもつ三十九歳の小説家である。四度の自殺未遂を繰り返す一九三九年までの二十代の彼と、正式に結婚し、安定した家庭を築き、いまや満四十歳になろうという太宰の間には、当然ながら、大きな隔たりがある》

このように、猪瀬と加藤の太宰治論によれば、昭和二十二年から二十三年当時、太宰は〝文学貴族〟であり、〝カリスマ的な小説家〟であった。その太宰が二十二年に刊行した『斜陽』の末尾では、登場人物の直治が没落貴族として《貴族に生れたのは、僕たちの罪でしょうか》という遺書をのこして自殺するが、遺書の日付は昭和二十二年二月七日であった。その日から十六カ月後、作者も女性とともに自殺し、『斜陽』は二十三年のベストセラー第一位となるのである。ベストセラーとなった『斜陽』について、太宰と太田静子の間に生まれた太田治子は『明治・大正・昭和のベストセラー』（NHK出版）というNHKラジオのテキストで、尾崎秀実の『愛情はふる星のごとく』と同じく、《『斜陽』もまた、敗戦により人間の運命が大きく変わっていくことへの人々の茫然自失とした気持ちから生まれたベストセラーといえるかもしれません》と述べている。

2章

読者を掘り起こす編集の力

戦後史の曲がり角

昭和二十四年という年は、戦後史の曲がり角となった年だと言われる。この年は、いまだに完全に真相が解明されていない事件が三度も起こり、それらは後の歴史にも影響を与えることになった。しかも、すべて国鉄労働者の大量馘首《かくしゅ》にまつわる形で事件が起きた。七月に下山事件、三鷹事件が起き、次いで八月に松川事件が起きた。

このうち、下山事件は、当時国鉄総裁だった下山定則が国鉄労組との団体交渉をひかえながら突如行方不明となり、常磐線北千住―綾瀬間の線路上で轢死体《れきしたい》となって発見された事件である。また三鷹事件は、中央線三鷹駅で何者かの操作によって無人電車が暴走し、六名が死亡した事件で、松川事件は、福島県の松川―金谷川間で列車が脱線転覆し、乗務員三名が死亡した事件だが、捜査の結果、脱線転覆は誰かが故意にレールをはずしたために起こったものだった。

これらの事件は、国鉄労働者の大量馘首が発表され、組合が反対闘争を展開しようとするたびに起き、国鉄労働者や民間企業の戦闘的な労働者が関与しているのではないかという噂が広まり、松川事件では、国鉄や民間企業に働く大量の労働者が逮捕され、その裁判が長びき、死刑まで宣告された人もいた被告全員が完全に無罪となったのは昭和三十八年九月であった。

これらの事件は、いまだに真相が完全に明らかになっていないが、こうした事件があいついで起こった昭和二十四年という年は、ベストセラーの第一位が永井隆『この子を残して』（講談社）で、永井の著書は『長崎の鐘』（日比谷出版社）も第八位に入り、第二位は小泉信三『共産主義批判の常識』（新潮社）、第九位は前年に処刑されたA級、BC級戦犯の記録を集めた花山信勝『平和の発見』（朝日新聞社）であった。

原爆の被害と、医師として放射線を浴びた被害を訴える永井の著書と、小泉信三、花山信勝らの、どちらかと言えば思想的には右寄りの本がベストセラーとして同居するというのが、昭和二十四年という年を象徴していると言ってよいが、瀬沼茂樹『本の百年史』は《二十四年は記録ものが喜ばれた年である。なかでも、永井隆の一連の著書がそろって流行した》と指摘している。

前出の『この子を残して』『長崎の鐘』以外にも、『ロザリオの鎖』（ロマンス社）、『生命の河』（日比谷出版社）などがあいついで刊行され、『この子を残して』は三十万部、『長崎の鐘』が十万部近く出て、他の著書もよく売れた。

永井の著書については、『ベストセラー物語』上が『この子を残して』を紹介しているが、『ベストセラー物語』上と『本の百年史』で記述されている事実が、昭和二十三年から二十四年にかけての出版界の様子を伝えている。その記述と、『この子を残して』を照らしあわせてみると、当時の出版事情が浮かび上がってくる。

原爆被害を告発

今、手許《てもと》にある永井隆の『この子を残して』（B6判二三九頁・百三十円・講談社）の奥付を見ると、昭和二十四年三月五日印刷、三月十日発行となっている。だから、この本は二十四年の刊行で、そのために二十四年のベストセラー一位になったと思うのがあたりまえである。ところが、『本の百年史』は、こういうぐあいに同書を紹介している。

《長崎医大の放射線医学の医師であった永井隆は、十数年にわたる研究室勤務のために原子病に犯されていたところに、長崎への原爆投下で放射線を浴び、妻をも失った。迫り来る死の床で、孤児になる運命の兄妹二人のために、カトリック信者としての祈りをこめて書いたのが『この子を残して』（講談社）であり、二十三年秋に出て、三十万部にのぼったという》

現物の本の奥付に二十四年三月の刊行とあるのに、「二十三年の秋」の刊行とあるので、間違いないのかと思い、『ベストセラー物語』上を見ると、田所太郎が日本出版協会調べによる昭和二十三年下半期のベストセラーズ表にもとづき、『平和の発見』『共産主義批判の常識』などと一緒に、『この子を残して』も二十三年のベストセラーとして紹介し、この本は《仕入れ五九二〇〇にたいし売れ行きが五二八〇〇でトップを切っていた》と書き、こう指摘している。

《今からみると、ずいぶんつつましやかなベストセラーズ表である。それは売れなかったのではなく、用紙がまだたいへん不自由で、その上、出版物の販売機構が戦時下の統制のままの形を引きつい

でいたからである》
当時は奥付の表記と実際の出版がずれていたのではないかと思われるが、田所は永井の執筆ぶりも紹介している。
《昭和二二年八月『長崎の鐘』脱稿。二三年一月『亡びぬものを』脱稿。同三月『ロザリオの鎖』脱稿。同四月『この子を残して』脱稿。同八月『生命の河』脱稿。二四年四月『花咲く丘』脱稿。最後の原稿『乙女峠』を脱稿するのは、氏が永眠するわずか八日まえの昭和二六年四月二二日であった》
そして田所によると、《そのころの永井氏は、毎日、朝は五時から原稿を書きはじめ、一時間に三枚半くらいの速度で一一時ごろまで書いていたそうである》が、永井は毀誉褒貶《きよほうへん》にもさらされている。たとえば、昭和二十四年九月、国家再建と社会教育に貢献した理由で国家表彰すべきだと提案された時、共産党の神山茂夫は「氏の著書がベストセラーズになったことだけでは、社会教育に貢献したことにならない」と反対したという。

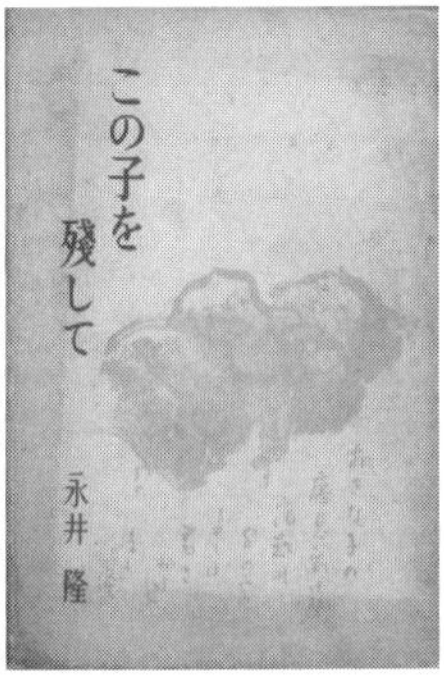

この子を残して

しかし、《うとうとしていたら、いつの間に遊びから帰ってきたのか、カヤノが冷たいほおを私のほおにくっつけ、しばらくしてから、／「ああ、……お父さんのにおい……」と言った。／この子を残して――この世をやがて私は去らねばならぬのか！》と書き出された『この子を残して』は、占領下で原爆の被害を告発した最初の本となった。

生き残った人々は沈黙を守るべきなのか？

『この子を残して』も戦後という時代が生みだした本と言ってよいが、ベストセラー史に戦後的な本が見られるのは、昭和二十年代半ばまでである。二十五年の日本戦没学生記念会編『きけわだつみのこえ』(東大協同組合出版部)、二十六年の無着成恭『山びこ学校』(青銅社)などである。二十五年のD・H・ロレンス『チャタレイ夫人の恋人』も、性の解放ムードを象徴した本ではあるが、日本の戦争、戦後という歴史状況と対照させるには、『きけわだつみのこえ』と『山びこ学校』が適切な本である。

このうち、『きけわだつみのこえ』は二十二年二月に刊行された『はるかなる山河に　東大戦没学生の手記』(東大協同組合出版部)の続編で、二十四年十月に刊行された。『はるかなる山河に』は、副題にあるように、東大戦没学生だけの手記で、『きけわだつみのこえ』は、二十三年春に設けられた日本戦没学生手記編集委員会が東大以外にも広げて全国から集めた遺稿七十五編を収めた。それらの遺稿は手記・書簡などであるが、本書の冒頭には「感想」と題して東大教授であった渡辺一夫による序文が収められ、渡辺はこう書いている。

《本書は、先に公刊された『はるかなる山河に』の続編である。編集に当っては、組合出版部の方々が論議を重ね、その結果を顧問格の僕が批評し、更に出版部の人々が協議して、ようやく方針が

決定したのである。僕としては、全体の方針を、肯定し、適切だと思っている》

ただし、渡辺はこれに続く序文で、《初め、僕は、かなり過激な日本精神主義的な、ある時には戦争謳歌《おうか》にも近いような若干の短文までをも、全部採録するのが「公正」であることを主張したのであったが、出版部の方々は、必ずしも僕の意見には賛同の意を表されなかった。現下の社会情勢その他に、少しでも悪い影響を与えるようなことがあってはならぬというのが、その理由であった》と述べ、《僕もそれはもっともだと思った》と書いている。

そして、この序文を一九四三年にフランスで発行された「真夜中版（エジシヨン・ド・ミシエイ）」の『詩人の光栄』という詩集に収められたフランス現代詩人ジャン・タルジューの短詩を掲げて締めくくっている。

きけわだつみのこえ

死んだ人々は、還《かえ》ってこない以上、／生残った人々は、何が判《わか》ればいい？／死んだ人々には、慨《なげ》く術《すべ》もない以上、／生き残った人々は、誰のこと、何を、慨いたらいい？／死んだ人々は、もはや黙ってはいられぬ以上、／生き残った人々は沈黙を守るべきなのか？

このような詩が、説得力を持っていた時代に、『きけわだつみのこえ』は刊行された。

公募で決まった書名

『きけわだつみのこえ』は現在、『新版　きけわだつみのこえ　日本戦没学生の手記』と題し、日本戦没学生記念会編として、岩波文庫に収録されている。新版は、平成七年に刊行されたが、その間には、昭和三十四年に光文社のカッパ・ブックスに収められ、さらに昭和五十七年に岩波文庫に入り、平成七年に岩波文庫版の新版が刊行された。

岩波文庫の新版には、本文以外に「『新版　きけわだつみのこえ』の読者へ　日本戦没学生記念会（わだつみ会）」「旧版序文」「旧版あとがき」「新版刊行にあたって　日本戦没学生記念会（わだつみ会）」などの文章や年表、地図などが収められているが、序文やあとがきなどを読むと、この本がどのような経緯で刊行されたかがわかる。

それらの文章を総合すると、昭和二十二年十二月に『はるかなる山河に』が刊行されて以後、東大協同組合出版部（東大出版会の前身）のなかに日本戦没学生手記編集委員会が作られ、渡辺一夫、真下信一、小田切秀雄、桜井恒次らが編集顧問となり、新聞・ラジオなどを通じて、全国の大学高専出身の戦没学生の遺稿を募ったところ、三百九人の遺稿が集まった。その中から七十五人を選び、三百余ページの一冊にまとめられた『はるかなる山河に』は絶版となった後、幾編かは『きけわだつみのこえ』に収録された。

遺稿の配列は、概《おおむ》ね時代順に並べ、戦況の経過につれて変わってゆく学生達の心の移りゆきが読みとれるように注意し、全体を大まかに、Ⅰ日中戦争期、Ⅱアジア・太平洋戦争期、Ⅲ敗戦、という順序で並べた。また簡単な年表と、遺稿の初めに略歴をつけ、年齢は満で数え、仮名遣いや誤字も理解の妨げにならぬ限りそのままにした。

書名は、広く一般から募り、集まった二千のうちから、委員会で藤谷多喜雄（京都）のものを選び、中扉に藤谷が寄せた次のような歌を収めている。

なげけるか　いかれるか
はたもだせるか
きけ　はてしなきわだつみのこえ

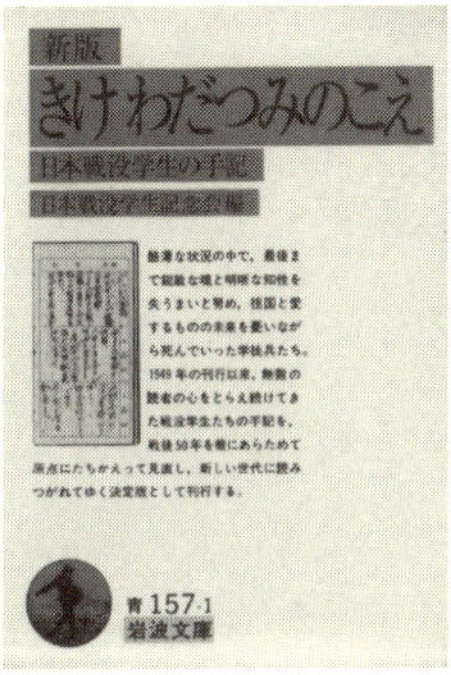

新版　きけわだつみのこえ

こうした事情を明かし、一九四九年九月と記された「旧版あとがき」によれば、《この書に満ち満ちている、真実を見る目をふさがれ、虐げられ、酷使され、そして殺されていった若いすぐれた人々の痛切な訴えが、却《かえ》って、再びまた戦争を招来しようとする人達によって逆用されることを心配した私達は、渡辺一夫、小田切秀雄の両氏に願って、この書の「読みとり方」を書いて頂いた》という。《こうした「解説」を敢《あえ》てつけねばならなくしたのが、敗戦後、この編集が進められていた四年間の、日本の社会の足どりであった》とも書いているが、一九四九年すなわち昭和二十四年という年は、そんなことを心配しなければならなくなった年なのである。

『きけわだつみのこえ』は昭和二十四年十月二十日に刊行され、体裁はＢ６判、三三八ページ、定価一、〇〇円。ベストセラー・リストに登場するのは二十五年で、第七位だった。この本について、『ベストセラー物語』上では、技術評論家の星野芳郎が論じている。彼はこの文集において《戦場にむかう自己の運命についての悩みや苦しみの言葉が主として採録されていて、最後には人間的な苦しみも捨てさって死んでいったものの言葉は、ほとんど取りあげられていない》ことを批判し、むしろ《悲劇は、苦しいとうめき声をあげることだけにあるのではなく、自ら思考を切断して苦しみもしなくなることにこそあったのだ》と指摘している。

そして、本書の編集方針が誤っていたため、《戦没学生の人間像は現象的にもとめられ、本質的にも悲劇の底の深さが明らかにならないという結果をきたした》と述べているが、二十五年から二十六年にかけてのベストセラー・リストには、この星野の『きけわだつみのこえ』に対する批判のように、厳しい評価を下された本もある。しかも、その本は批判が宣伝となり、売れ行きが伸びた。

二十五年に第八位に入り、二十六年には第一位となったのは波多野勤子《はたのいそこ》『少年期　母と子の四年間の記録』（光文社）である。この本は、二十五年十月一日に刊行され、体裁はＢ６判、二九七ページで定価は二百円であったが、二十六年のベストセラー・リストの第十位に登場している本との対比で批判をされた。

しかし、実質的にはその批判も売れ行きに寄与し、『少年期』はベストセラーとなり、さらにこの本は、後に光文社がベストセラーを連発する出版社として世の注目をあびるようになるきっかけを作ることになった。その経緯は改めて紹介するが、二十六年のベストセラー第十位となり、『少年期』と対比された本についての紹介をまず行う。

戦後の時代が生んだ束の間の教育

その本とは、無着成恭《むちやくせいきよう》編『山びこ学校』（青銅社）である。この本は二十六年三月五日に刊行され、体裁はＢ６判、二二四ページ、定価は百五十円だった。

本書は現在、岩波文庫に収録されているが、文庫版は平成七年七月十七日に刊行され、十九年四月十三日には十五刷が刊行されている。この本については、『ベストセラー物語』上はもとより、何冊かの本が論じており、それらを読むと、この本がどのような影響を与えたかがわかる。

それらの本とは、無着成恭『無着成恭の昭和教育論　仏教徒として昭和を検証する』（太郎次郎社）、佐野眞一『遠い「山びこ」　無着成恭と教え子たちの四十年』（文藝春秋）、永井萠二『焼け跡は遠くなったか　ある人生派記者の戦後体験ノート』（学芸書林）、関川夏央『砂のように眠る　むかし

「戦後」という時代があった』（新潮社）、吉原敦子『あの本にもう一度　ベストセラーとその著者たち』（文藝春秋）などである。

昭和二十六年に刊行され、その年のベストセラー・リストの第十位に入っている『山びこ学校』は、まさに戦後という時代が生み出した本である。

この点については、編者の無着成恭自身も自著の『無着成恭の昭和教育論』で、《『山びこ学校』は戦後でなければ絶対に生まれなかった仕事である》と書いている。そしてさらに《『山びこ学校』は戦後だからこそ生まれることができた》とも書いている。確かに、この言葉にあるように、『山びこ学校』は戦後という時代と切り離せない本だが、『ベストセラー物語』上の〈本と著者〉が内容を次のように紹介している。

《山形県南村山郡山元中学校二年の学級文集『きかんしゃ』を原稿とした生活綴《つづ》り方。江口江一君の「母の死とその後」、佐藤藤三郎君の「ぼくはこう考える」など綴り方二三編、石井敏男君の「雪」など詩一四編、学級日記三編、調査報告「学校はどのくらい金がかかるものか」一編、計四一編が収められている》

ここに指摘されているように、本書は山形県の山元中学校二年生の学級文集『きかんしゃ』に掲載された生活綴り方をまとめたものだが、右の紹介に出てくる収録作品の一部を紹介してみると――

石井敏男

雪がコンコン降る。
人間は
その下で暮しているのです。

母の死とその後

江口江一

1　僕の家

僕の家は貧乏で、山元村の中でもいちばんぐらい貧乏です。そして明日はお母さんの三十五日ですから、いろいろお母さんのことや家のことなど考えられてきてなりません。それで僕は僕の家のことについていろいろかいてみたいと思います。(以下略)

ぼくはこう考える

佐藤藤三郎

午前中は屋根ふきに使う縄ないをした。早く縄ない終《おわ》らして本を読もうと思って一生懸命になった。ようやくぶったわらを全部ない終して、「よしこれで終ったぞ。」と思い、本を持って尻をついただけで「縄はなんぼうあってもうかくないからな（多すぎることはないよ）……」といわれてしまった。これでは本を読むわけにはゆかない。（以下略）

石井の詩、江口と佐藤の綴り方は、本書の象徴とも言えるが、この本はどのようにして刊行されたのであろうか。

"山びこ"を生んだ二人の裏方

『山びこ学校』の内容と刊行の経緯については、佐野眞一の『遠い「山びこ」』が最も詳しく伝えているが、『山びこ学校』の原稿となった『きかんしゃ』という文集は、昭和二十四年夏に発行されている。佐野によると、この文集は、《単に文章を上手に書くための作文教育から生まれたものではなく、貧しい山村にしがみついて生きるほか術《すべ》のない子供たちが、いかに生きるべきかを必死で自問した生活記録であり、子供たち全員が参加してつくった社会科の教科書だった》のである。

『きかんしゃ』という文集を子供たちにつくらせた無着成恭が山元中学校に赴任したのは、昭和二十三年四月のことで、二十一歳になったばかりの新任教師だった。腰から手拭《てぬぐ》いをぶら下げ、鼻緒の太い朴歯下駄《ほおばげた》をはいたバンカラ調のこの教師は、「みなさんが利口者になろうとか、物知りになろうとか、頭がよくなるためとか、試験の点がよくなろうとして学校に来ていれば大馬鹿《ばか》者です」と、型破りの挨拶《あいさつ》をした。そして、教室では大声で出席をとり、生徒と会話をし、《お仕着せの教科書に頼らず、子供たちの心の動きや目の輝きを敏感に受けとめ、その動きにしたがって授業をすすめるのが、無着流のやり方だった》と佐野は書いているが、《こんな型破りの授業に、子供たちは最初にとまどい、やがて心を開くようになっていった》のである。その無着の指導で《子供たち全員が参加してつくった社会科の教科書》であるガリ版刷りの文集『きかんしゃ』が初めて活字で紹介されたのは昭和二十四年十月のことだが、『少年少女の広場』という雑誌の「全日本児童文学展望」という欄で、この文集に掲載された作品の中から優れたものがとりあげられ、《農村のことについて考えさせる力作が多い》と評された。

その『きかんしゃ』が〝山びこ〟となって全国に響きわたることになったのは『遠い「山びこ」』第二章の「ジャーナリスト人脈」によれば、二人のキーパーソンの力によるものだった。一人は昭和二十一年三月、帝大新聞の学生が中心メンバーとなって設立された学生書房という出版社の出版部長である吉田守で、彼は昭和二十四年夏開かれた企画会議で、「社会科教育実践記録」というプランを提案する。吉田は改造社の出身で、『女性改造』の編集などにたずさわっていたが、二十三年暮れ、組合活動を理由に馘首《かくしゅ》され、二十一年一月に発足した日本ジャーナリスト連盟の書記を経て、学生書房に入った。吉田が属していた日本ジャーナリスト

山びこ学校

連盟には、機関紙『自由なる意見のために』の編集責任者として野口肇がいた。彼は元『日本評論』編集長で、戦時中、横浜事件に連座して逮捕され、戦後、復職して編集長となったが退社。吉田と同じく日本ジャーナリスト連盟を経て学生書房に入り、編集顧問となって『山びこ学校』の陰のプロデューサーの役割を果たすのである。

クラス全員が著者

野口肇が『山びこ学校』の陰のプロデューサーになるのは、吉田守が企画した「社会科教育実践記録」のために集められた教師の手記がいずれも無味乾燥で、商業出版として刊行するには二の足を踏ませるものだったからであると、『遠い「山びこ」』にある。

これに代替する形で、野口肇が企画したのは、子供たち自身の作文を集めるというものだった。野口の案はすぐ採用され、さっそく資料集めに入った。野口が最初に尋ねたのは教育評論家の国分一太郎であった。彼は戦前から生活綴り方運動にたずさわっており、彼のもとには全国の教師から子供たちの作文集が数多く送られていた。『遠い「山びこ」』によると、「敗戦直後から今日まで、日本の子供たちの切実な声を集めて一冊の作文集をつくりたい」という野口の要請に応えて、国分は手許《てもと》にある作文集以外に新たに全国の教師から集めた作文集を野口に渡した。

数日して野口はふたたび国分を訪ね、せっかく全国から集めてもらったが、「山元中学校の無着先生という人が指導した、この『きかんしゃ』一本にしぼって一冊にしたいと思いますと申し出た。佐野は書いている。

《国分から野口に渡された作文集には、アメリカ直輸入の社会科教育臭が強いものが多かった。これに対して、「きかんしゃ」は、ドロくさくはあるが、日本土着の現実認識に根ざした確かな教育成果があがっていた。野口のジャーナリストとしての鋭い感覚が、他の作文集と「きかんしゃ」とを峻《しゅん》別《べつ》させ、やがて、これが『山びこ学校』に結実し、世間を驚かせていくことになる》

野口は無着に出版の許諾を求める手紙を書き、「クラス全員が書くこと。あなたの組なら絶対に書けるはずです」という条件だけはつけた。しかし、出版が実現するまでには、学生書房の倒産があり、出版元が『真相』という雑誌を発行していた佐和慶太郎が作った青銅社という出版社に移るということもあった。しかし、出版は実現し、タイトルも『山びこ学校』と決まった。

このタイトルは、野口が無着との交渉で山元村に派遣した青木虹二から《無着の声は大きく、教室をぬけ裏山にこだまするると聞いていた》野口が、《戦前、天才少女現わると騒がれた豊田正子の『綴方教室』のイメージをダブらせて、『山びこ教室』にしようという腹案をもっていた》からであるが、しかし、青銅社の社長となった佐和は『山びこ教室』では少し弱いと感じ、当時、朝日新聞に連載されていた獅子文六の「自由学校」にあやかり、『山びこ学校』とした(同)。

その『山びこ学校』が刊行されるまでには、自分たちの文集を刊行すべきかどうかということを生徒たちが討議して決めており、これも戦後的出版の特色であるが、この本がベストセラーになるには、いろいろなことが寄与した。

遠ざかる戦後の気運

『遠い「山びこ」』によると、『山びこ学校』は、本来なら昭和二十五年四月に刊行されるはずであった。学生書房で刊行されることになっていたとき、巻末につけられることになっていた「この本のおいたち」という文章は、《そしていま私たちは、子供のこころを美しく花咲かせるためにこの本が生まれたのだと、自信をもってこの文集を世に送ります》と結ばれ、《一九五〇年四月一日　学生書房編集部》となっていたからである。

しかし、いろいろなトラブルがあり、新しい発行元となった青銅社社長の佐和慶太郎が無着から正式の出版許諾を得るため、山形に向かったのは昭和二十五年十月で、出版されたのは二十六年三月である。しかし、《『山びこ学校』を一つの商品としてみるならば、出版にいたるまでのこの大幅な遅れは、むしろあらゆる面で有利に作用した》(同)のである。

なぜなら、昭和二十二年から二十四年までの三年間は入学試験もほとんど形式的で、二十五年から受験制度が本格的に復活したが、《『山びこ学校』は、戦後教育にぽっかりとあいたその三年間の実践記録だった》からである。そのことについて、『遠い「山びこ」』にはこう書かれている。

《昭和二十六年三月に出版されるや二年間で十二万部という、当時とすればたいへんなベストセラーになったのは、早くも遠ざかるその時代に、人々がある懐かしさと、一種の幸福感を『山びこ学校』を通じて感じとったせいでもあった。『山びこ学校』の教育が行われた三年間は、戦後民主主義教育というものを何の疑いもなく信じられた稀有《けう》な時代だった》

『山びこ学校』は、戦後が最も色濃く残っていた時代の本だったのであるが、この時代の特色は、見田宗介の『現代日本の精神構造』（弘文堂）での戦後心理史の三つの局面を論じた部分で指摘されている。見田は、戦後二十年の時点で、戦後心理史を第Ⅰ期（一九四六―五〇年）、第Ⅱ期（一九五一―五八年）、第Ⅲ期（一九五九年―？）というぐあいに区分し、第Ⅰ期は《時代と人生の「意味」にたいする根元的な問いかけの時代》で、第Ⅱ期は《戦争批判・体制批判の精神は（略）ベストセラーの舞台から姿を消してしまう》時代で、第Ⅲ期は《時代と人生の「意味」にたいする根元的な問いかけから日常的な幸福や生活技術の追求へ》と移った時代であるという。

『山びこ学校』は、本来なら一九五〇年（昭和二十五年）に刊行されることになっていたので、見田の言う第Ⅰ期の心理史に照応する本であったが、刊行が一年遅れたため、二十六年に刊行されたこの本によって、人々は遠ざかる戦後的な時代を懐かしむ気持にさせられたのである。この本は五一年（昭和二十六年）にベストセラーとなった『少年期』と売り出し法がよく似ていた。

タダの「送りつけ」成功、書評続々

昭和二十五年に光文社から刊行され、二十六年にベストセラー第一位となった『少年期』と二十六年刊行の『山びこ学校』は当時、いろいろと対比して論じられたが、売り出し法はよく似ていた。両書の売り出し法は、何が似ていたのか。それは、刊行された本を有識者に送り、マスコミで紹介してもらうという作戦で、両書ともこれが成功した。

『山びこ学校』の場合は、出版元の青銅社が宣伝費を全く出せず、初版も五千部しか刷れないので、こんな作戦を打ち出した。

《四面楚歌《そか》のなかで、佐和が苦しまぎれにだした、いかにも海千山千のジャーナリストらしいアイディアがこの本の運命を決めた。

「返品になっても困るのはこっちだけだ。どうせなら、この本のよさがわかりそうな人のところに、タダで送りつけちゃおうじゃないか」

佐和は人名録をかたっぱしから繰り、これはと思う評論家や作家に、全部で二百冊の本を送りつけた》(『遠い「山びこ」』)

この作戦は、見事に適中した。児童文学者の坪田譲治は「こんな良い作文集が、いままでわが国で出たことがありますか。私も何度も読んで、涙をこぼしました」という推薦文を寄せてくれた。そのため、《『山びこ学校』を取りあげた新聞、雑誌は、昭和二十六年だけで、軽く百紙を超えた。／そして、いずれの書評でもその賞賛の中心にあったのが、江口江一という少年が書いた「母の死とその後」であった》(同)が、『山びこ学校』を評価した人の中には、この本よりもよく売れ、昭和二十六年のベストセラー第一位となった『少年期』については批判する人もいた。

当時、東京日日新聞に「ぶらりひょうたん」というコラムを連載していた高田保がその筆頭だが、彼は『山びこ学校』と『少年期』について、昭和二十六年三月十五日付で、こう批評した。

《『山びこ学校』という本を昨夜読んで、私は無性に泣かされてしまった。……率直にいうが私は『少年期』を読んだとき、あの中に漂うエゴイズムのにおいにかなりの不快を感じさせられたものだった。この『山びこ学校』もまた少年期の記録である。あの本を読んで妙に憂鬱にさせられた私は、この本を読んで無性に泣かされながら、しかし親愛の情を感じた。この情は人をして、何ものかに向かって明るく憤怒させる》

『山びこ学校』を賞賛したのは高田保だけでなく、評論家の臼井吉見も自分が編集する『展望』で、この本を評価している。また、太宰治と心中した山崎富栄の日記をスクープした永井萠二も、『山びこ学校』に感動し、山元村を訪ねてルポを書いた。

このように、『山びこ学校』を評価する者は多かったが、これに対し『少年期』は、高田保のように、厳しい批判をする者もいた。そのことについては改めてふれるが、『山びこ学校』評価の典型は永井のルポであった。

ＧＨＱゆずりの教育法も寄与

永井萠二の『焼け跡は遠くなったか』には、『週刊朝日』の昭和二十六年六月十日号に発表した「山びこ学校の子供たち」というルポが収録されている。永井がこれを書いたのは、彼が子供に関心を寄せ、子供を愛する教師のレポートを書きたいと思っていたからだ。永井は『山びこ学校』を手にした時、この文集が村の貧困の原因を中学生の目で追求した切実な内容であることに感動した。特に江口江一の「母の死とその後」に注目し、《この文集を書かせた先生こそ、私の探していた教師ではあるまいか》（『焼け跡は遠くなったか』）と考える。

そこで永井は『週刊朝日』で二ページのスペースをもらい、山元村を訪ねる。そして、無着成恭が、《教室で「トンコ節」を歌い、たちまちそれを社会科の授業に結びつけるかと思えば、さらに村の貧困の原因を生徒と討議しあう》という《自在なカリキュラム》による《山形の一寒村のこの教育実践が、戦後の民主教育の一つの方向を打ちだすものだと確信した》ので、《これは、大きなルポになる》と考えた（『焼け跡は遠くなったか』）。そこで永井は、扇谷正造に「とても二ページでは書けない」と連絡し、締め切りを一週間延ばしてもらって村を隅々まで歩き、ルポを書いた。

《山形市からデコボコの山道をバスでゆられて一時間余、「ムジナの森」というところで下りた真ん前が、山元村小中学校だった》と書き出された、「山びこ学校の子供たち」というルポには、ガラスを生徒が割った事件をきっかけにガラスがいつ日本に入ってきたかを考える授業に転じていく無着の教育方法のユニークさが描かれている。

この教育方法は、実は昭和二十一年十二月に文部省教育局とGHQのCIE（民間情報教育局）によって構想された新しい社会科教育の方法に則したものであったことを教えるのは、関川夏央の『砂のように眠る―むかし「戦後」という時代があった』（新潮社）である。同書によると、アメリカ側はジョン・デューイによる《子供の経験を主体に教育の内容をすすめていく方法》をとり、文部省はこのとき作られた教科書を教科書とせず、「手引」と呼んだ。これに基づき、教科書に頼らず生活綴り方を生徒に書かせる無着の教育が実践され、その成果が『きかんしゃ』という文集となり、これが『山びこ学校』となった。

しかし、『きかんしゃ』の前に『山峡』という回覧文集も発行されており、この文集の第五号が平成十七年、佐藤藤三郎宅の物置で発見された。その中には師範学校を出て一年目の無着が、「新制中学一年であるおまえたちが『空腹』を『そらぱら』などと読んで『空気のはいった腹のこと』だとか、5と8をたして11だなどと答えたり」「こんなものが読めないようでわ新しい教育も民主主義もないんだ」と書いた「ちびた赤鉛筆」という詩も掲載された（「毎日新聞」平成十七年三月七日付）。

『山びこ学校』は、こうした無着の思いが生み出し、十七万部（関川）が売れた。

「山びこ学校の子供たち」というルポを書いた永井萠二は、ルポにつけた文章で、《このルポにも、おびただしい読者の投書が殺到した》と書き、《(山びこの子の強さに励まされて、私は今日も労働に出ます）と書いた戦争未亡人だというニコヨンのおばさんの投書があったのが忘れられない。日本はまだ貧しく、戦後の荒廃から立ちあがってはいなかったのである》と指摘している。

『山びこ学校』と『少年期』の評価

このように高く評価された『山びこ学校』にはサイド・ストーリーもある。永井が高く評価した江口江一は、『遠い「山びこ」』の著者である佐野眞一が『サンデー毎日』に連載をはじめた「新忘れられた日本人」（平成二十年六月十五日号）によれば、昭和四十二年五月十八日、あと六日で三十二歳になる直前、亡くなる。参列者のほとんどいない葬儀会場で弔辞を読んだのは佐藤藤三郎であった。その佐藤は、『山びこの村　だから私は農をやめない』（ダイヤモンド社）という著書で、無着の教育について、《具体性のあるところが凡人と異なるところ》で、《全身魂ごと、子どもと教育に打ち込んでおられた》と評価しながら、《無着先生の教えは（略）現実に生きることの苦労や、それを展く能力の指導までにはやはり力が届いていなかった》と批判している。そして吉原敦子の『あの本にもう一度』によると、佐藤は昭和三十五年三月二十七日号の『朝日ジャーナル』で無着と対談し、「先生は『山びこ学校』に耐えられないから出ていった。そう正直に言ったほうがいいと思う」と、無着に言った。その無着は、山びこ学校を去り、東京の大学に入学し、それ以後、東京の私立学校である明星学園の教師になったが、そのことについて、朝日新聞の友澤和子記者によるインタビューで、こう語っている（「人生の贈りもの」平成二十年二月十五日付）

《――6年間勤めた山元中学を辞め、駒沢大学に入学された

もともと、寺の生まれですから。宗教の方が大切なんじゃないかって考えたからですね。教師なら束縛されてできないことも、お寺なら自由にできるし、お寺でやる方が正しいんじゃないかって考えたわけですね。二度と学校の教師はしないと決心して、上京しました。

――しかし、卒業後、教職に復帰されます

大学に入って論文を書き出してから、やっぱり、教師っていうものはものすごく大切だと、もう一度、教師になって確かめてみなければならない……、というふうに考えが変わってきたわけですね。それに、お寺で教えようと思っても、呼びかけなくちゃいけない。生徒は来たり、来なかったり。学校は国が毎日集めてくれますからね。そのことを教師はありがたいと思わないといけないですね》

そして、二十七年間、明星学園で教えた体験については、こう語っている。

《山びこ学校だけだったならば学校教育の本質に迫れなかったですね。世の中の現象の本質に科学的に迫られなければ教育にならないということも分かった。日本語の教育や数学教育とかも、みなあの時代の成果です。私学だからやりたいことが存分にやれた。そうした実践をまとめた『続・山びこ学校』は、すごい本だと思いますよ、私は。「山びこ」ほど有名じゃないけどね。明星学園という学校が私に贈ってくれたすごい贈りものですよ》

無着によれば、『山びこ学校』には続編もあるのだが、永井萠二は、『焼け跡は遠くなったか』で、『山びこ学校』が売れた理由について次のように述べている。

《この『山びこ学校』が、お母さん方の共感を得た理由の一つに、当時、異常な売れゆきを示していた波多野勤子氏の『少年期』（光文社）と対比されたこともある。

ベストセラーづくりの名人、神吉晴夫《かんきはるお》の手で、世に送り出されていた『少年期』は、大変な評判になりながらも、この本にちらつく都会の家庭生活のエゴイズム、特権的意識に反感を持つ読者も少なくなかったのである。その読者の不満を「山びこ」の素朴なたくましい生き方が埋めたということもあったのであろう》

永井が指摘した問題は、既に紹介した『山びこ学校』に対する高田保の感想にも表われていた。高田は『少年期』に《エゴイズムのにおい》を感じる一方で、『山びこ学校』に《親愛の情を感じた》と述べている。このように『山びこ学校』と『少年期』は、同じ頃に刊行され、登場するのも、少年期の子供であるという共通性を持ちながら、評価が分かれるという現象が見られた。

そのことが、また両書への関心を高め、ベストセラーに寄与したという面があるのだが、両書に対する評価の違いについては、こんなエピソードもある。『週刊朝日』昭和三十一年十一月四日号の徳川夢声がホスト役の対談「問答有用」で語られていることである。

夢声によると、おなじ大磯に住んでいた獅子文六と高田保がケンカで不仲になった時、高田の病気が悪くなり、死ぬのではないかと思われたので、夢声が文六のところへ行き、「高田保、どうもいけないらしいよ」と言って文六を同道させた。

先に夢声が高田に見舞いを述べたところへ文六が入って来て「おい、どうだい」と言うと、高田が

「ありがとう」と言った。そして、枕元に沢山積んである本を見て、「最近のもんじゃ、なにがいい？」と文六が聞くと、高田が少し考えているので、文六が「最近、ぼくが読んだものでは『少年期』なんざ、なかなかいいと思うね」と言った。すると、高田が即座に「ぼくは反対だ！　あんな病的なこまっちゃくれたものは、いやみでしようがない」と反論した。

これに対し、文六が「そういうけども、きみあれはなかなかいいよ」と言う。「いや、よくない」と高田が発言して、またケンカになったというのだが、この時の夢声の対談相手は『少年期』を出版し、ベストセラーにした神吉晴夫である。

ベストセラーづくりの名人

徳川夢声の「問答有用」に登場した時の神吉晴夫は、光文社の出版局長であった。彼はこの頃、発行部数が百万部を突破していた『週刊朝日』の人気連載読み物である「問答有用」のゲストに招かれるほど、ベストセラーを連発する出版人として注目され、この対談では夢声が《まさに吹きまくられた一席であった》と前口上に述べざるを得なくなったくらい、大いに自分の仕事について語っている。そして、『少年期』についても語っているのだが、夢声は神吉にこんなことを聞いている。

《このごろ、斯界《しかい》の通説によれば、神吉さんはベスト・セラーづくりの名人、たいへんなスラッガーだってことになってますね。最初『少年期』を出されたころは、まだバッティングの調子がわから

なかったんですか》

これに対し、神吉はこう答えている。

《そうなんです。すこし、話しましょうか。戦後、わたしァ講談社から独立したんですが、ひところ、読みものであればなんでも売れた時代があるんです。ところが、二十三年から二十四年にはいりましたら、ばったり売れなくなっちゃった。それで、ぼくは断崖《だんがい》絶壁の上をヨロヨロとあるいとるようなかっこうでね、「神吉晴夫も出版界から消えてなくなるだろう」というような世評があったんですよ。半年ほど、ほんとにこまりました》

そんな神吉に救世主が現われる。

《心理学の本を出さしてもらおうと思いまして、波多野完治先生のとこにいったら、完治先生が、「わしの女房がこういうものをこしらえとるが、みてくれないか」といわれるんです。波多野勤子先生には、講談社時代に、幼児童話をおねがいしたことがあったんですが、おもしろくなかった。で、どういうてことわろうかと、思いまどいながら、いやいや原稿をもらって、帰ってきたんです》

さらに、神吉は語る。

《みましたらね、ザラ紙やワラ半紙や大学ノートに、たどたどしい字が書いてある。波多野先生のぼっちゃんが母親に送った手紙がおもで、それに対する勤子先生の返事があつめてあるんです。読んでいくうちに涙が出てしようがない、四十男の神吉が泣くんだから、世のなかには泣いてくれるひともあろうかと思って、初版を五千部出したんです》

その結果は——
《出してから心配しとったら、わるくちをいうことで有名だった「朝日新聞」の「青眼白眼」という欄で、あとむ・Dというひとが「必読すべき尊い記録である」と書いた。それから、勇気をおこしまして、文化人のあいだに本をうんとばらまいて、宣伝をどんどんやりました。各新聞も週刊誌も書評をしてくれるし、めきめき売れだしたんですよ》
神吉にとって、『少年期』は単なるベストセラーにとどまらなかった。

創作出版という実験

『少年期』は、昭和二十五年十月一日に初版五千部が刊行された。B6判、二九七ページ、定価は二百円だった。この本には、「母と子の四年間の記録」という副題がついているが、戦時中から戦後にかけての心理学者・波多野勤子と長男一郎（仮名）の往復書簡七十五通が収められている。一郎が旧制の中学一年（十四歳）から四年（十八歳）にかけての書簡で、巻頭に収められた〈第一信〉一郎から母へ、は学童疎開についてふれ、こんなぐあいに書き出されている。

お母さま
僕がみんなといっしょに諏訪に行くか、それとも僕だけ東京へ残るかということ、お母さまは僕のいいようにきめていいっておっしゃいましたね。それで僕このあいだから考えていたんですが、僕はやっぱり一人東京に残りたいと思います。

波多野勤子が書いた〈母のまえがき〉には、《いま大学へ行っている長男と、日記ふうの手紙のやりとりをはじめてから、もう十年ほどの月日がたちました》とあるが、そのようにして書かれた「日記ふうの手紙」をまとめたのが『少年期』である。

この本が出る前、戦後発足した光文社は、『光』や『面白倶楽部』などの雑誌を発行し、文庫本型の『日本文学選』という印税のいらない明治文学の選集を刊行し、それらが十万部、二十万部というぐあいに売れたこともあった。しかし、印税を払わなければならない大正、昭和の作家たちの作品は、望外の印税を要求されたりして、刊行が不可能になる。

その結果、何を出版してよいかわからなくなった時に出会ったのが『少年期』であった。そして、この本は、のちにベストセラー・メーカーとなる神吉の出版理念を形成する本ともなった。その理念とは、《出版は創作である。創作こそ出版の命であるべきだ》というもので、《その創作も、著者の名声にたよらず、企画者自身が知られざる著者の価値を発見し、構成して、これを演出していく》(神吉晴夫「ベストセラーと創作出版」、小宮山量平編『出版企画　企画革命の時代』出版開発社)という考え方である。

こうした出版理念を抱くようになる神吉が『少年期』の出版を決意する契機については、「問答有用」で語っているとおりだが、「ベストセラーと創作出版」においても、《その晩ひょっと読み出したらば非常に感動いたしまして、久しぶりに、涙が出て止めようがない》という体験をして出版を決意したと述べている。そして、最初は《尾崎秀実さんの『愛情はふる星のごとく』、あるいは永井隆さんの『この子を残して』、――ああいった心を清める物語として出そうとした》が、波多野が《この本は心理学の報告書として出したい》ということなので、心理学の用語をメインタイトルにし、それにサブタイトルをつけて『少年期　母と子の四年間の記録』となった。神吉はこの本を売るための努力をした。

大きくなる宣伝の効果

神吉晴夫が『少年期』を売るために行った努力の一つは、贈呈本という作戦だった。《……常ならば贈呈本を二、三十人ぐらい批評家に送るのですが、こんどは思い切って三百部送ろうと、文化人名鑑やら何やらから選び出し、「もしお目にとまりましたらば、どこかで批評してください。」と、発売十日ぐらい前に郵便で送ったわけです。大体黙殺されるのが多いのですが、どうなることかと思ってひやひやしながら待っておりました》

神吉は「ベストセラーと創作出版」でそう述べ、さらに「問答有用」よりも詳しく、その後のことを明かし、朝日新聞の「青眼白眼」での紹介についてこう述べている。

《私、会社から帰ってきて夕食のときに、ひょいと朝日新聞をあけたら「母と子の記録」と真中に書いてある。おや、同じようなことを言うひともあるものだなと思って読み出しましたら、この『少年期』のべたぼめなんです。「全日本のあらゆる人々に読ませたい尊い記録である。」と書いてある。私、本当にあのときは泣きました。それを書いたのはあとむ・Dでした。ずっと後になってわかったのですが、このあとむ・Dとは、参議院の外務専門委員をなさっている坂西志保さんでありました》

あとむ・Dの「母と子の記録」と題された文章が載ったのは、本が刊行されて三日後の昭和二十五年十月四日であったが、こんな書き出しになっていた。

《児童心理学の研究者である波多野勤子が珍しい本を出した（光文社）。「少年期」と題し「母と子の四年間の記録」という副題がついている》

そして、あとむ・Dは、《……読者は一人に感謝しなくてはならない》と書き、《あらゆる人に読ませたい尊い記録である》と結んでいる。このあとむ・Dの文章は、光文社に次のような行動を起こさせる。

《……うちの茂木専務も、『少年期』の見本を読んで泣いたというのですが、やっぱりこの書評に感激して、「一つ大いに宣伝してみよう。」と言うのです。そこで私も一そう勇気を起こしまして、すぐさま、三万部ぐらいの発行部数相当の宣伝費をどんどん出しまして、起死回生のやり方でやってみたら、すごい反響です。新聞も雑誌も、追っかけ追っかけ絶賛をしてくださいまして、グングン伸びて来ました》（「ベストセラーと創作出版」）

その時の神吉については波多野も《専務が「少年期」を読んで、これは広告費を今までよりもよけい使ってもよいと署名してくれたのです。それを持って私の家に興奮してやってきた》（座談会「ベストセラーの功罪」『文藝春秋』昭和三十一年五月号）と語っている。神吉はこの時、宣伝の大切さを認識するのだが、もう一つの努力もしている。

一編集者の情熱

神吉晴夫が『少年期』を売るためにしたもう一つの努力とは、取次会社への働きかけである。そのことを伝える資料がある。戦前から取次会社で働き、戦時中は日配（日本出版配給株式会社）、戦後は日販（日本出版販売株式会社）で仕入部、広報課などの仕事にたずさわった松本昇平の『業務日誌余白』（新文化通信社）である。この著書の第Ⅳ章で、松本は日販時代に神吉晴夫と接した時のことをこう書いている。

《『少年期』は初版五千部が出版され、そのほとんどを私たちが買い取ったが、売れないのを覚悟でお義理送品しているうちに、突然売れ始めた。のちに「カッパブックス」が誕生するとその中に編入され、合計五十万部というベストセラーになった》

松本は、このように『少年期』について書き、日販が創業満一年を迎えた昭和二十五年の秋、神吉が日販を訪ねた時のことを回想している。

《……ある日、光文社の神吉晴夫という無名の編集者がわが陣営に現われた。歴史にのこる有名な「たそがれ荘の会見」であった。それは十月末の秋風が身にしみて寒い日であった。お茶の水駅に面したたそがれ荘の二階は汲取《くみとり》式トイレの臭《にお》いがまとまって吹き上げてくる八畳敷の部屋で、夏は南京虫が豊かに成長し、冬は枕元のバケツに氷がはった》

そんな「たそがれ荘」にやって来た神吉のことを日販の幹部は知らなかったので、誰もこの来訪者を相手にせず、松本も光文社の営業部長である五十嵐勝彌を知っていたので、神吉に会ったと述べている。

《今でいう企画発表という形式で五、六人を集めるのにやっとだった。汲取式特有のアンモニアの臭いが鼻をつく締め切った部屋で、彼の熱弁は三時間に及んだ》

松本は神吉が「たそがれ荘」を訪れたのが「十月末」で、それは「企画発表」のためと書いている。しかし、『少年期』は十月一日の刊行なので、十月末は九月末なのではないかと思われるが、松本はさらにこう書いている。

《『少年期』の事前運動程度に思って義理で聞いていた私たちは、彼が原稿を読んで涙を流して感激したというあたりから、とうとう彼のペースに巻き込まれ、彼のジェスチャーに目を見はった》

《彼の横道にそれる独特な話術もまた、私たちを魅了するに十分であった。講談社から離れて同志とともに光文社を創立し、破竹の進撃をしながらも軍資金の補給と前進を阻止された彼等一派の立場は、今のわれらに共鳴と共感できるものがあった》

神吉の雄弁は三時間にも及んだが、《集まった誰もが長講と寒さを忘れて魅せられたように聞き入っていた》という。そして松本は《この無名の一編集者から受けた出版への情熱は永久に忘れられない》と書いている。

自身が共感し読者が共感する本

神吉晴夫は『少年期』を売るための努力をしたが、この本には、高田保のような批判者もいた。しかし、皮肉なことに、その批判が宣伝の役割を果たし、本の売れ行きに拍車をかけた。その点について、神吉晴夫は、《「ぶらりひょうたん」の高田保先生がわるくちをいいだした。「母と子がおなじ家のなかに住んでいて、手紙のやりとりをするなんて、異常家庭である」というんです。わるくちをいわれると、また売れるもんですね。とうとう、三十万ちかく売れましたよ》と、徳川夢声との対談で語っている。さらに神吉はこの対談で、こんなことも語っている。

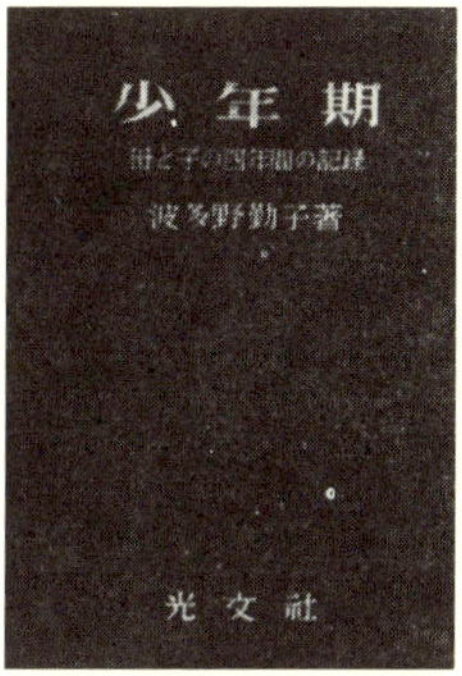

少年期

《それでね、わたしァ考えたんです。自分に不相応なものをやめること、わたし自身が共感し、読者の共感をさそうようなものだけをやること、そういうわたしの出版方針が確立したんです。その目をひらかせてくれた『少年期』の著者、波多野勤子先生の

ご恩は、いまだに忘れられません》

『少年期』は、神吉にとって、ただ売れた本ということではなく、自分の出版方針を確立させた本でもあった。その出版方針とは、「創作出版」である。夢声との対談によると――

《これは、出版社の編集者とか編集企画者が自分でアイディアをつくって、そのテーマをじゅうぶんに生かしてくれそうな執筆者をさがしだして、書きおろしてもらうんです。編集企画者というものは、元来、新聞社とか雑誌社だけのもので、出版社にはなかった。出版社の編集者は、どっかでできあがったものをさがしだしてきて、「先生、あれをください」というような、自主性のない文化商人だったんですよ》

神吉は、「創作出版」という出版方針について、このように語っているが、彼は「創作出版」によって、やがてベストセラーメーカーと呼ばれるようになり、夢声との対談でも「ベストセラーの名人」と呼ばれるまでになったのである。しかし、神吉が純粋に「創作出版」を実践したのは、『少年期』ではなく、この本に次いで昭和二十七年にベストセラー第一位となった安田徳太郎の『人間の歴史』であった。

というのは、『少年期』は既に原稿が存在しており、神吉の言う「創作出版」の条件の一つである書き下ろしではなかったからである。これに対し、『人間の歴史』は、医師の安田に最初「性の社会史」を依頼し、途中から日本人とはいったい何者かという科学的な答えを与えるというテーマに切りかえ、人類の発生についても論及した原稿を新しく書いてもらったものである。それは昭和二十五年のことで、この本を直接担当した編集部員の加藤一夫《いちお》（後に光文社役員）が毎日午後二時になると原稿催促に現われ、書き上がった原稿に神吉が徹底的に注文をつけた。そのため、本が出たのは二十六年十月のことだった。

カッパ・ブックスの誕生

『人間の歴史』の著者である安田徳太郎は本が刊行されるまでのことを、原稿は《一年目にでき上ったが、こんどは片っぱしから、読者はダレかスジが通らんとペケをつけられた。腹が立ったが、何度も書きなおして、二年目に出版できた》（『日販通信』昭和四十年十月号、「光文社二十年の歩み」）と書いている。著者の原稿に対して、厳しい注文をつけるのは、「創作出版」の特色である。

『人間の歴史』の第一巻『食と性の発端』Ｂ６判、二三九ページ、二百三十円、はこうして刊行され、昭和二十七年のベストセラー第一位となり、全六巻で完結する。安田によると、本書は全巻で百二十万部売れたが、二十七年に刊行された第二巻『日本人の起源』は二十八年のベストセラー第二位に入った。

そして、光文社刊行の本は、二十九年に伊藤整の『火の鳥』が第八位、Ｊ・ローゼンバーグの『愛は死をこえて』が第九位に入っている。このうち、『火の鳥』は、伊藤整と光文社を結びつけるきっかけとなり、そのことが昭和三十年代に次々とベストセラーを生み出すカッパ・ブックスという新書判の双書を誕生させることにつながっていったのである。

このカッパ・ブックスが、最初にベストセラー・リストに登場するのは三十年のことで、いきなり次の四点が十位以内に入っている。

三位＝望月衛『欲望』
四位＝渡辺一夫『うらなり抄』
五位＝岡倉古志郎『財閥』
六位＝正木ひろし『裁判官』

二十九年までの光文社のベストセラーは、いずれもB６判の本であったが、三十年にはB６判よりも小型の新書判サイズの本がベストセラーとなり始めた。三十年代から四十年代半ばにかけて、新書判のカッパ・ブックスは、毎年のようにベストセラーとなり、藤田昌司が昭和四十八年に刊行した『一〇〇〇万部商法　日米会話手帳から日本沈没まで』にとりあげられたミリオンセラー本十四点のうち、四点がカッパ・ブックス（一点はノベルス）である。

その中には、三十六年に刊行され、カッパ・ブックスとしては初めてミリオンセラーとなった岩田一男『英語に強くなる本』があり、他には多湖輝『頭の体操』、塩月弥栄子『冠婚葬祭入門』、小松左京『日本沈没』などが紹介されているが、こうしたベストセラーを連発したカッパ・ブックスが創刊されたのは、二十九年十月のことだった。

そのカッパ・ブックスを誕生させたのは、実は伊藤整であったと言ってよい。伊藤が光文社で最初に刊行したのは小説『火の鳥』であったが、この本は編集者の鋭い鑑賞眼によって生み出され、伊藤と光文社を結びつける契機となる。

古雑誌から連作を掘り出す

伊藤整の『火の鳥』について、神吉晴夫は自著の『カッパ兵法　人間は一回しか生きない』(華書房)の中で、こんなエピソードを紹介している。

《たまたま、私たちの編集局に、京都大学の農学部農業経済科出身の古知庄司《こちしょうじ》(昭和三十四年死亡)という男がいて、彼が伊藤森造《もりぞう》という文学青年を、私に紹介した。文学青年の伊藤君は、こういう。

「小説にも、盲点があるものですね。あちこちの雑誌に、とびとびに発表された連作小説というのは、注意ぶかい出版社でも、意外に見落しているものですよ。」

「ほう、どんな連作小説があるの?」

私がたずねると、伊藤整という小説家には、もう四年越しの連作小説があるという。この小説のヒロインは、生島《いくしま》マリという名の混血で美貌《びぼう》の女優。劇団という組織のなかでは、生島マリが、女として人間として、自由に生きることがいかにむずかしいか、これが小説のテーマらしい。

伊藤青年の話に、私は身体《からだ》を乗りだした》

神吉は、なぜ伊藤森造の話に身体を乗りだしたのか。こんな理由があったからだ。

《これまでの評価では、伊藤整は売れない作家ということになっていた。ところが、チャタレー裁判に連座してから名前が知られ、それがきっかけになって、「伊藤整氏の生活と意見」(「新潮」)とか、「女性に関する十二章」(「婦人公論」連載)とか、作家、伊藤整の評価は急速に変わろうとしていたのである。

機敏なジャーナリストだったら、ここで、伊藤整ブームを予見できるはずだ。

「三、四年前の雑誌だッ。」

私の命令で、古雑誌のなかの伊藤整さがしがはじまった。もうホコリくさくなっている「人間」とか「展望」などの雑誌から、伊藤さんの小説をさがしだした》

伊藤整は、いろいろの雑誌に、連作という形で『火の鳥』を書きつづけていたので、それらの作品が一本のまとまった長編になるということは、容易にわからない。その長編小説を、いろいろの雑誌を集めて一本にし、神吉は昭和二十八年十一月に刊行した。

「チャタレー裁判により人間的には強さを、芸術的には深さを加えた伊藤整氏連作五年の大作!この本格小説は専門家から見ればアケスケの私小説であり、学生や読書人から見れば伊藤哲学の集大成であり、若い女性から見れば女優のハナヤカな生活である」というキャッチコピーの広告とともに発売されたこの小説は、批評家たちにも好評で、二十五万部が売れた。この売れ行きに寄与したのは、昭和二十九年三月に中央公論社から刊行された伊藤の『女性に関する十二章』であったが、この本が新書判であったことが、後に神吉に対して大きな影響を及ぼすことになる。

出版路線変えた〝軽装版〟

中央公論社から刊行された伊藤整の『女性に関する十二章』は、判型が新書判であったが、発行元では〝軽装版〟と称した。これは『婦人公論』に昭和二十八年一月号から十二月号まで連載されたエッセイで、《私がこの文章を書こうとしている雑誌は、日本の婦人雑誌のうちで、もっとも高級だと認められている『婦人公論』です。つまり、私は、多分日本の一番智慧《ちえ》のある女性読者たちに対して、女性についてのお話、または講義、またはお節教を述べようというのです》と書き出された《第一章　結婚と幸福》から《第十二章　この世は生きるに値するか》まで、少々シニカルな筆致で、女性や男性、家庭、人間の生き方などについて論じている。

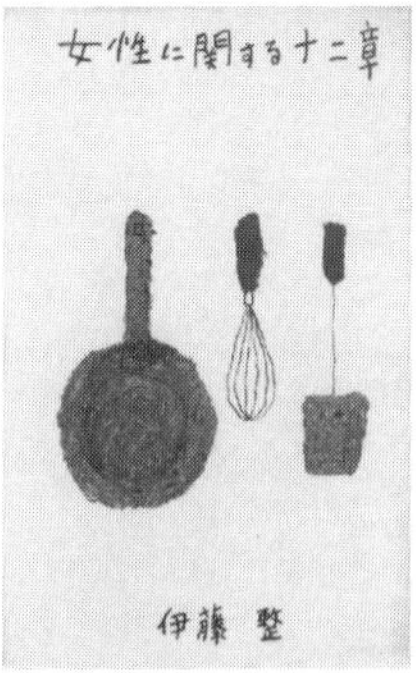

女性に関する十二章

その『女性に関する十二章』が二十九年暮れには二十八万部に達する売れ行きをみせたが、これは伊藤が昭和二十五年四月から五月にかけて小山書店から翻訳刊行したD・H・ロレンスの『チャタレイ夫人の恋人』上・下が猥褻《わいせつ》文書頒布の疑いで刑法第一七五条によって起訴され、その裁判が世間の注目を浴びて話題の人となっていたことと無関係ではない。

そのため、伊藤の著書は、角川書店から二十九年七月に刊行された『文学と人間　百十一章』もベストセラーになったが、この本も新書判であった。

こうした伊藤整ブームを、神吉は見逃さなかった。彼は部下の古知庄司を井の頭線久我山駅近くの伊藤邸に通わせ、書き下ろし原稿を二枚、三枚ともらってこさせた。依頼したのは『文学入門』という本で、これは二十八年十一月に刊行された「考える世代とともに」というB6判の双書の一冊となるはずであった。この双書の〈刊行のことば〉には、こんな一節があった。

《わたくしたちは、出版企画者として、いま必死になって、民族の生きてゆくありかたと、そのなかの一人としての個人の幸福のありかたを追求しております。世界という大きなメカニズムの中で、われわれ『日本および日本人』がどんな位置を占め、どんなはたらきをするものか、あらゆる角度から、その真実の姿をさぐりたいと、力をかたむけております》

この双書では、岡本太郎の『今日の芸術』、三好十郎の『日本および日本人』などが刊行されていたが、伊藤整の書き下ろしも、この双書の一冊として企画された。ところが、伊藤は原稿を書きあげると、担当の古知にこう言ったと神吉が『カッパ兵法』に書いている。

《この本は、できるなら軽装版で出してもらいたいですね。ガッシリした四六判の本にするには、枚数もたりません。『女性に関する十二章』のような判型の方が、たくさんの人に読んでもらえるんじゃありませんか》

この一言が神吉に光文社の出版路線の変更を決意させることになる。

〝新書〟が持っていないもの

『文学入門』は、売れない作家から売れる作家となり、多忙をきわめるようになった伊藤整を古知庄司が《なだめたり、すかしたり、おどしたりしながら、九カ月という短時日に書き下ろしてもらった原稿だが、予定していた枚数にたりなかったのである》（『カッパ兵法』）。そのことが、神吉晴夫に大きな決断を迫ることになった。

《それからあとの、光文社と私の運命を決定するような劇的な一瞬間は、「原稿の枚数がたりない」という報告を古知君から聞いたとき、生まれたのだった。

この瞬間、私は、それまで温めていた軽快な判型の双書の創刊を決意したのである》（同）

神吉によると、新書判の双書を創刊する企画を立てたのは、昭和二十七年くらいのことであったというが、新書判の双書は岩波書店が十三年に創刊しており、神吉には《すぐれた先輩が温めた椅子《いす》には坐《すわ》りたくない》という思いがあった。そのため、《岩波新書がもっていないものを創造するために、私には二年間の迷いが必要だった》と、自著に書いているが、二十九年秋の出版界は新書判一色に塗りつぶされていた。

これは、『女性に関する十二章』が軽装版で刊行され、ベストセラーになったことが影響しているのだが、伊藤整の書き下ろし原稿が「考える世代とともに」という双書として刊行するには枚数が足りないということと、伊藤の要望が、神吉の迷いを断ち切り、新書判の双書を出すことを決意させ、最初の一冊を『文学入門』とすることにした。しかし、神吉には岩波新書を真似て「〇〇新書」という名前はつけたくないと思った。

そこで、また神吉の模索が続くのだが、ここで一つふれておかねばならないのは、伊藤整が軽装版に固執したのはなぜかという問題である。これについては、一つの推測をめぐらしてみたくなる事実がある。それは、伊藤が『新潮』に昭和二十六年五月号から二十七年十二月号まで連載した「伊藤整氏の生活と意見」というエッセイが、単行本として最初に新潮社から刊行されず、二十八年一月に河出書房から刊行された『伊藤整作品集』第V巻に収められて刊行されたことと関わる。

ふつうなら、『新潮』に連載されたものはこの雑誌の発行元である新潮社から刊行されるというのが出版界の常識である。ところが、「伊藤整氏の生活と意見」は、まだかけ出しの新人編集者が出版界の常識に挑戦して、本来、新潮社で刊行されるはずのものを河出書房で刊行することを可能にしたのである。その立役者となったのは、二十代で河出書房発行の雑誌『知性』の編集長となり、河出書房倒産後に独立し、知性コミュニケーションズ代表となる小石原昭である。その小石原が出版界の常識に挑戦し意外な装幀者を起用したことで、伊藤整が軽装版へのこだわりを抱くようになる。

新入社員の粘りと着想

小石原昭が「伊藤整氏の生活と意見」を、河出書房で刊行できることになったのは、彼が新入社員で出版界の常識に影響されなかったからである。この刊行の経緯については、『知性アイデアセンターの15年』に寄せた瀬沼茂樹の「伊藤整と私」という文章に詳しいが、筆者も直接取材したことがある。それらを総合して、経緯を再現すると、昭和二十六年に河出書房に入社した小石原は、愛読していた「伊藤整氏の生活と意見」を自分の手で単行本にまとめたいと思い、企画会議に提出した。ところが、会議ではそんなことができるわけがない、と一笑に付された。それは新潮社が刊行することに決まっているからだと、先輩は言った。

しかし、小石原は翌日、伊藤を訪ねて、単行本を出させてほしい、と頼んだ。最初は、伊藤も河出書房の先輩編集者たちと同じように、「それは新潮社が刊行しますから」と、小石原の申し出を断わった。

それでも、小石原はあきらめず、伊藤に出版させて欲しいと頼んだ。午前中に訪問していたので、昼食をごちそうになり、それでもねばり、ついに夕食までよばれた。さすがに、伊藤は困りはてて、こんな提案をした。

「もし河出書房で僕の作品集を刊行してくれて、第一回配本に入れるというなら可能かもしれないけど……」

伊藤は、河出書房が自分の作品集など出してくれるわけがないと思ったので、いい加減な提案をしたのである。ところが、小石原はまともに受けとめた。そして、翌日、赤坂にあった河出書房社長の河出孝雄の自宅を訪ね、伊藤整作品集を河出書房で出してほしいと頼み、河出社長に承諾させる。

小石原はふたたび伊藤邸を訪れ、作品集の刊行を告げ、その第一回配本に「伊藤整氏の生活と意見」を収めることにしたのである。こうして刊行された『伊藤整作品集』は、装幀にも工夫がこらされた。小石原は、作家の作品集としては珍しく花森安治に装幀を依頼したのである。

これについては、瀬沼も暮しの手帖社刊の田宮虎彦の『足摺岬』を花森が装幀していたのを知っていて、この着想を面白いと思った。伊藤も花森の装幀を気に入ったので、『女性に関する十二章』でも、本文中のカットやカバーの装幀を花森に依頼することを中央公論社の編集者に提案した。この本がベストセラーになった要因の一つは花森のカバー装幀とカットであったと思われるが、小石原は『女性に関する十二章』がベストセラーになったので、『伊藤整氏の生活と意見』を昭和二十九年八月、河出新書に収め、新書でも花森の装幀によるカバーをつけた。

河出新書は、二十八年四月に古谷綱武編『恋愛について』を一冊目として創刊され、この双書も小石原が担当したが、伊藤が新書に関心を持った背景にはこんな事情があったのである。

色紙のカッパが生んだシンボル

伊藤整の要請で、新書判の双書創刊を決意した神吉晴夫だが、伊藤の『文学入門』をトップバッターにすることは決まっても、双書名は考えあぐねた。人真似をしないことを信条とする神吉は、岩波新書と異なる新しい双書をと思い、タイトルにもこだわった。

その時の苦慮については、『カッパ兵法』に書いている。神吉が外国の新書判ペーパーバックスを調べてみると、ペンギンやペリカン、バンタムなど、動物の名前が多いことがわかった。しかし、これを真似てもあまり面白くないので、日本人の空想力がつくりだした想像上の動物を調べてみた。竜、麒麟《きりん》、鳳凰《ほうおう》、人魚、ヌエなど、中国を原産地とする動物ばかりで、《みな重苦しくて、新書判・軽装判にふさわしい軽快なイメージではない》と、神吉には思えた。

そんなある日、神吉は家に帰って玄関で靴をぬぎながら、壁にかかっている一枚の絵に目をとめ、思わず叫んだ。

「これだっ、カッパだ、カッパだっ」

それは、清水崑が描いたカッパの絵であった。終戦直後、書き下ろしの創作児童漫画を出版した時、原稿の遅れた清水が、催促に来た編集者に「神吉大明神、お待ちください、頼みます」と鳥居の前で手を合わせている裸のカッパを色紙に描いて持たせたものである。

《これで、私は新しくスタートする軽装判シリーズに、カッパという名前をつけることに踏みきった。けれども、「カッパ文庫」「カッパ新書」では、新書という新語をつくった岩波茂雄さんに面目ないし、さりとて、「カッパ文庫」「カッパ双書」では、古めかしい。もっと今日的な感覚が欲しかった。これは、ひとつ、外国のものにならって、ブックスをつけ、「カッパ・ブックス」にしようと考えつく。ブックスという言葉なら、小学生だって知っているだろう》（『カッパ兵法』）

そう考えて、神吉はカッパにロマンチックな角笛を吹かせる絵をカバーに添え、これを登録商標にして《カッパは、日本の庶民が生んだフィクションであり、みずからの象徴である。／カッパは、いかなる権威にもヘコたれない。非道の圧迫にも屈しない。なんのへのカッパと、自由自在に行動する。その何ものにもとらわれぬ明朗さ。その屈託のない闊達《かったつ》さ》と書き出された「『カッパ・ブックス』誕生のことば」を自ら執筆した。

さらに昭和二十九年夏、日販、東販をはじめとする取次会社の仕入や販売部長を招いて、カッパ・ブックスの企画発表を行った。ところが、出席者は創作出版でゆくといっていた神吉が「あっさり人真似をして、軽装判に手をつけるというじゃないか」と笑った。神吉は「新企画のカッパ・ブックスが、あくまで創作出版でゆくことに、かわりはありません」と応じたが、招かれた人たちは「神吉さん、気が狂ったらしいね」とささやいた。そのカッパが翌年から注目される。

編集者との共同作業による創作

カッパ・ブックスは、第一回配本が伊藤整『文学入門』と中村武志『小説　サラリーマン目白三平』で、続いて伊藤の小説『火の鳥』も収められた。ほかにもB６判で刊行された『少年期』や『愛は死をこえて』も初期のカッパ・ブックスに収録された。だから、のちのカッパ・ブックスのように書き下ろしのノンフィクションだけではなかったが、トップバッターとなった『文学入門』は書き下ろしで、物語の成立とその形式から説き起こし、悲劇と喜劇、近代社会と心理小説、日本の近代社会と小説、芸術至上主義と私小説、近代人のエゴと小説形式、論理と調和の文学、下降認識と上昇認識、現代社会と人間、芸術の本質、といった章立てになっていた。

序文で伊藤は、《できるだけ分かりやすい形で、文学の形式、その感動の働き、その文体、他の芸術との比較、という諸点からこの本を書いた》と述べているが、もともと「考える世代のために」というB6判の双書の一冊として書かれたものなので、今読んでも高度の理論書となっている。

その意味で、カッパ・ブックスらしい本の最初と言えるのは、昭和三十年二月に刊行された望月衛の『欲望』である。この本については、『週刊朝日』昭和三十年五月一日号の「作られるベスト・セラー　出版企業あの手この手」が紹介しているが、この時点で、『文学入門』が十万五千部であるのに対し、『欲望』は十六万部で、『文学入門』よりも売れていた。

この本は、神吉の言う「創作出版」をカッパ・ブックスにおいて、初めて実践したものと言ってよい。なぜなら、『欲望』は編集者と《著者との「共同作業」が完全に行われた》と、『週刊朝日』が指摘する本であったからである。「共同作業」とは、『週刊朝日』によると、《出版社の方から企画したテーマをある筆者に書かせるという形を、ハッキリと打ち出して》、著者に《何回も書き直してもらう》ことであるが、この出版方式を神吉は「創作出版」と呼んだのである。

『欲望』の場合には、望月が《大学の卒業論文に「食い気」を書いた人で、食と性の心理学者である》（『週刊朝日』）ことにスポットをあてて企画が行われた。この本では、食と性が昔は本能の問題とされていたのを、アメリカで発達した社会心理学や文化人類学が食と性の規範を社会的なものであることを明らかにしていることをふまえて、人間の欲望について新たな見方を提示しているのだが、書名にも工夫をこらした。

《「衝動と魅力とのあいだ」をはじめ、望月氏から三十近く出されて、結局『欲望』におちついた》(同)のだが、副題に「その底にうごめく心理」とつけ、「この副題のために『欲望』がこんなに売れたのだ」と言われたくらいである。カッパ・ブックスは、双書名だけでなく、個々の本の題名にも気を配ったのである。

タイトルの力で買わせる

カッパ・ブックスが書名を考える際に、いかに力を入れていたかという問題については、図書新聞の昭和三十五年七月二日号の「一〇〇〇万部突破の秘密―カッパ・ブックスの台所座談会―」で塩浜方美《やすみ》が《タイトルに執着するやり方》が《いい点からいっても、わるい点からいっても、神吉出版プロデューサーの特徴で、やっぱり「カッパ・ブックス」をここまで持ってきたのもそこにあると思います》と語っている。そして、加藤一夫は《七転八倒のなかから書名が誕生するわけです。つまり「カッパ」編集局全体の結論としては、書名即宣伝です》と述べ、サブタイトルについても《たとえば『欲望』なんかのばあいは、なるほどと感じさせるような、心に触れる時代的な感覚がありますすね。『欲望――その底にうごめく心理』というと、グッと来ますからね》と語っている。

また、同じ座談会に出ている糸原周二は、こう語っている。

《タイトルの第一原則は読者にイリュージョンを起こさせるようなものでないと売れないということがあるので、副題で逆に内容を示して、タイトルでひとつのイリュージョンを起こさせると、買ってみようという気になるという考え方がある》

この点については、神吉晴夫も昭和四十二年十一月十日に文部省、日本ユネスコ国内委員会主催の「アジア地域出版技術研修コース」で行った講演で語っている。

《……一般の読者大衆は、自分の欲望をはっきりした形で意識化しているとはかぎらない。読者の欲望は眠っている場合が多い。眠っている消費者（スリーピング・コンシユマー）、私はこう呼んでいる。眠っている消費者（読者）を、眠りから醒《さ》まし、「これだ、私が以前から読みたいと思っていたのは、まさにこの本だ」と、本を買いに書店へ走らせるのは、宣伝の力であり、また、本のタイトルの力である。私の宣伝については、ここで触れる時間の余裕はないが、すぐれたタイトルはすぐれた宣伝と同じように、そのまま消費者への強い呼びかけであることを強調しておきたい》

このように語る神吉は、「メーン・タイトル、サブタイトル即セリング・ポイント」であるというのが信条で、糸原と同じようなことを述べている。

《タイトルは、読者にイリュージョンをおこさせ、食欲をそそるためのものである。タイトルは説明ではない。センスである。おもしろそうだ、読んでみたい――そういう感覚に訴える力である。本

文を読まなくて、買わせる魅力である》（加藤一夫編『マスコミの眼《め》がとらえたカッパの本』光文社）
このような考え方を持つ神吉は、昭和三十年代にカッパ・ブックスでベストセラーを連発し、ミリオンセラーも生み出した。

社会キャンペーンの力を持つ本

「メーン・タイトル、サブタイトル即セリング・ポイント」ということを、神吉晴夫は、カッパ・ブックスが創刊されて、すぐに意識したわけではない。この双書のトップバッターである伊藤整の『文学入門』にはサブタイトルがないからである。

カッパ・ブックスの初期には小説も刊行されているので、これらにはサブタイトルがないが、書き下ろしノンフィクションの最初の本である『欲望』からサブタイトルがつくようになり、この本と一緒に昭和三十年のベストセラー十位以内に入った他の三点のメーンタイトルとサブタイトルは次の通りである。

- 正木ひろし『裁判官　人の命は権力で奪えるものか』
- 渡辺一夫『随筆うらなり抄　おへその微笑』
- 岡倉古志郎『財閥　かくて戦争は、また作られるか』

昭和二十九年十月に創刊されて、翌年、同じ双書で刊行された本が四点も年間ベストセラーの十位以内に入るのは見事と言ってよいが、これらの書目が示しているように、初期のカッパ・ブックスにはハードな内容のものがあり、それらがベストセラーになったのである。

これらのうち、『裁判官』については、多田道太郎が『ベストセラー物語』上で紹介している。それによると、カッパ・ブックスが創刊された昭和二十九年の夏、加藤一夫がこの双書のための書き下ろしを依頼するため、弁護士の正木ひろしを訪ねた。

《はじめは「人権」をテーマに、あるいは「自伝」をかいてもらおうと思っていた。戦前の「首なし事件」、戦後の「プラカード事件」「三鷹事件」「チャタレイ事件」などで、正木氏の名は知られている。つねに人権のために戦ってきた人物である。不屈の闘士という評判である。この人に「人権」のことをかいてもらおう……。

ところが、正木氏と話しているうち、事のついでに、獄中からの阿藤周平の手紙をみせられた。「八海事件」で死刑を宣せられた被告からの手紙である》

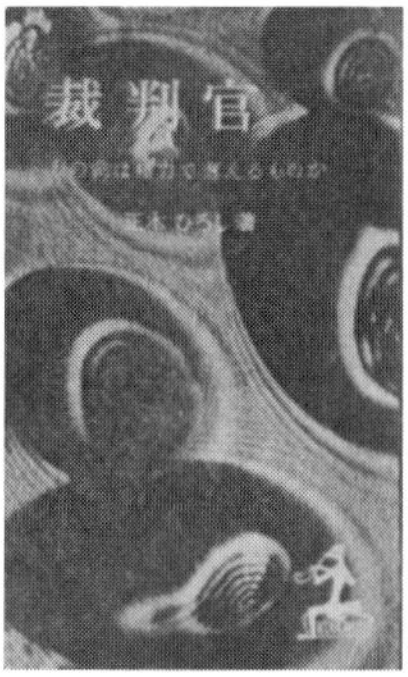

裁判官

この手紙を見せられ、阿藤被告ら四名が警察による拷問で嘘《うそ》の自白をさせられて死刑を宣せられたことを加藤は知り、「先生、これをひとつおかきになりませんか」と依頼し、書き上がった一千枚の原稿を三百五十枚にちぢめて昭和三十年三月二十五日に刊行され、約二十一万部が売れた。この本は、冤罪《えんざい》を告発した今井正監督の映画『真昼の暗黒』の原作になり、ペーパーバックスによる社会的キャンペーンという役割を果たした。

神吉は、これを「プレス・キャンペーン」と呼んだ。神吉の著書である『カッパをひきいて　魅力を売りつづけた男たちのドラマ』（学陽書房）によれば、『裁判官』に続いて、「プレス・キャンペーン」を果たしたカッパ・ブックスとして、昭和三十二年に『三光　日本人の中国における戦争犯罪の告白』を神吉が編者となって刊行している。この本が刊行されるきっかけとなったのは、昭和二十九年に神吉が国際ジャーナリスト会議に日本代表の一人として出席したことが契機となっており、中国での日本人による戦争犯罪を告発したこの本は、右翼から抗議されても神吉は絶版にしなかった。

こうしたカッパ・ブックスの力は、出版界に大きな影響を与えるようになるが、昭和二十九年に三十数種あった新書は翌年には九十六種を数えるまでになった（『カッパ兵法』）。そして、二十九年から三十年にかけて、カッパ・ブックス以外にもタイトルで売れた新書のベストセラーが現われた。

大衆の気持ちをそそる

昭和二十九年十月十日。この日はカッパ・ブックスの第一回配本である『文学入門』と『小説　サラリーマン目白三平』が刊行された日であるが、同じ日に、もう一冊の新書が刊行された。中央経済社の佐藤弘人『はだか随筆』である。

この本は、杉浦明平によると、二十九年の年間ベストセラー第五位に入り、刊行されて三カ月たらずで十万部を売り、三十年にはトータルで六十四万部に達した（『ベストセラー物語』上）。著者の佐藤弘人は本名が佐藤弘、一橋大学教授で理学博士であった。そんな肩書の著者が、二十五年から『産業経理』という簿記・会計の専門誌に連載したものに『文藝春秋』その他に執筆した随筆を加えてまとめたものだが、本書がベストセラーになったのも、書名による力が寄与している。そのことを、杉浦は、こう書いている。

《当時、中央経済社の専務取締役（現在、同社社長）だった大谷憲三氏の思い出によれば、まず書名をきめるのに、だいぶん苦労したらしい。著者じしんは「先生の失言」というおとなしい題名にしようとしたが、大谷専務が「内容がざっくばらんのあけっぴろげなものだから、はだかといきたい」というと、だれかが、「それでは、はだか随筆ですか」と受けた。これで超ベストセラーズの第一歩が踏み出された。ベストセラーズの第一条件は題名だから》

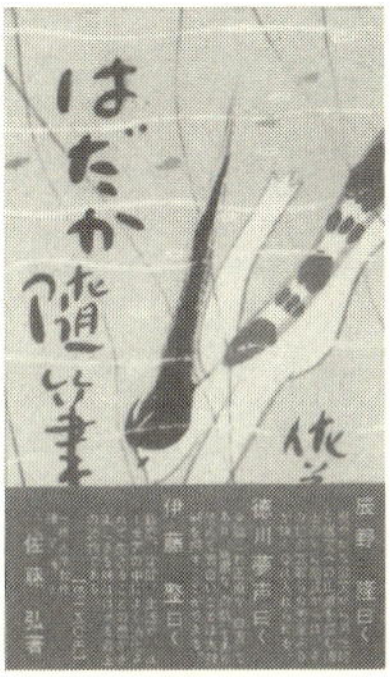

はだか随筆

そのうえ、この本は、清水崑が描いた雌のカッパの裸の絵が表紙になっていた。初版は五千部であったのに、《内容は酒席のエロ話程度のもので、ただそれを書いたのが一橋大学教授であることに大衆の気持をそそるものがあった》（杉浦）ため、ベストセラーとなった。しかし、その要因となったのは『はだか随筆』というタイトルで、その後、佐藤が刊行した随筆集のタイトルも『いろ艶筆《えんぴつ》』『はだか人生』などであった。

ちなみに、『はだか随筆』は、どこの書店でよく売れたか、梶山季之が『ルポ戦後縦断　トップ屋は見た』（岩波現代文庫）所収の「丸ビル物語」で、次のように報告している。

《丸ビル、新丸ビルを通じて面白い現象は、はだかと名のつく本が例外なしに売れていることであった。新宿や神田の本屋では、さっぱり売れなかった「はだかもの」は丸の内のベストセラー》。

このルポは、昭和三十三年五月号の『文藝春秋』に掲載された。丸の内ではよく売れた『はだか随筆』だが、その売行きに寄与したのは杉浦明平が指摘するように、タイトルであった。タイトルについては、著者自身も〈自序〉で《本書の表題は「先生の失言」にしようかと思いましたが、一般の受けは「はだか随筆」の方がよかろう、と云うことになって、そのように決めました》と内情を明かしている。

ベストセラーの条件にタイトルの良さが求められたのは、『愛情はふる星のごとく』などでも見られたが、昭和二十九年以降の新書のベストセラーでは、タイトルの重要性はより強く意識されるようになった。そのことを徹底したのはカッパ・ブックスで、この双書は昭和三十年代においてイリュージョンを感じさせるタイトルの本を次々とベストセラーにし、さらに三十六年にはミリオンセラーを実現させた。

それは、岩田一男の『英語に強くなる本　教室では学べない秘法の公開』であるが、この本は異例のスピードで版を重ねていった。『英語に強くなる本』は、タイトルも売れ行きに貢献したと言われるが、このタイトルは同じカッパ・ブックスの林髞《たかし》『頭のよくなる本』と共通した要素を持っていたのである。

持つだけで英語に強くなる？

『英語に強くなる本』と『頭のよくなる本』が共通したタイトルであることを、松本昇平の『業務日誌余白』が示唆している。同書によると、『英語に強くなる本』が刊行される直前、《光文社の出版部長の加藤一夫がゲラ刷りを持って、題名がまだ決まらないと前置きして相談に来た》ので、《仮題となっている「英語学習法」のゲラ刷りを見て、「内容が学参でないから、学参じみた書名ではカッパの本は売れない」と私はゴネた》という。すると、この時点でベストセラーになっていた『頭のよくなる本』にヒントを得て、日販の販売部の係長だった高橋五郎（後に取締役）が《『英語に強くなる本』と決めた》という。

『頭のよくなる本　大脳生理学的管理法』は、林髞が同じ双書で刊行した『頭脳　才能をひきだす処方箋《せん》』の応用編で、昭和三十五年十月に刊行され、同年のベストセラーで二位に入り、三十六年は四位に入っていた。この本のタイトルが「よくする」でなく、「よくなる」という言葉を用いていたことに高橋は着目した。「よくする」では努力を要するが、「よくなる」は、努力を要しないことを連想させる。『英語に強くなる本』も、机の上に置いておくだけで、「英語に強くなる」ように思わせる。

この点については、江藤文夫も《〝強くする本〟でなく、〝強くなる本〟であったことが、読者にアッピールしたのであろう》（「現代のコミュニケーション」、『TBS調査情報』昭和四十二年五月号）と指摘しているが、タイトルの卓抜さと、英語の本なのにヨコ書きでなく、タテ書きであったことなどによって、三十六年八月一日に初版三万部が刊行されたのが、発売十二日で十五万部に達し、ベストセラー第一位となった。「パンのように売れる」とか「一分間に一冊売れる」と評され、発売四十三日で五十万部を突破、十月二十日には百万部を突破した。

このように速いスピードでミリオンセラーとなった『英語に強くなる本』が、どのような経緯で刊行されたかは、神吉自身が『カッパ軍団をひきいて』で、次のように書いている。

《発売後半年で、「頭のよくなる本」は、六十五万部をこえた。一冊で六十五万部をこえたのは、光文社では、安本末子の「にあんちゃん」につづいて、この本が二番目である。そこで、私は考えた。一冊で、発売後半年で、いや一年かかってもいい、百万部を売りあげる本は、できないものだろうか。そういうことを編集会議はもちろん、部外の会合でも、しゃべった。公言しているうちに、だんだん夢が実現するようになる。公言すると、自然、いろいろと作戦をこらす。例の私の癖である。そのころのある日、朝日新聞の学芸欄に目を通していたら、一橋大学の英語担任教授岩田一男なる人の記事がでていた。これまでの、難句難文解釈の英語教育を批判して、そんなやり方では英語は上達しない。こうすればよいと、自分の方法論「英語らしき表現一二〇」を展開していた。なかなか面白い。私のような頭のにぶい男でも、なんだか英語に強くなれそうな気がする。ひとつ岩田教授にカッパ・ブックスの執筆陣に加わってもらって、新しい英語の勉強法の本を出したい。

東京オリンピックも近づいている。中学生や女学生時代に敵性語として勉強しなかった大人たちも英語を勉強したいと望んでいる。そんな人がいっぱいいる。さいわい編集部には、一橋大学出身の塩浜方美がいる。きけば、岩田教授の教え子だという。さっそく訪問させた。

「神吉さんは、東京外語の先輩だ。いつか出版でお世話になりたいと思っていた」と、話はトントン拍子に進んだ。「新しい英語の学習法」——これが仮題である。岩田教授の原稿執筆中に、担当者の塩浜方美が退社した。こんどは、やはり一橋大出身の長瀬博昭に、後見として編集長伊賀弘三良をつけた。すると、この二人は著者と相談して、執筆の方法を、がらりと変えてしまった。面目一新である。たのしい、面白い本ができた。

そして、神吉は『英語に強くなる本』が英語に関する本としては初めての試みをしていたと述べ、次のような工夫をしたと告白している。

《岩田一男教授の英語の本の原稿は、私の共感を得た。だいいち、面白かった。たのしかった。アメリカでは、公衆便所で用をたしたいときには、ドアのそとから「サムワン・イン?」というそうな。なんて、こんな愉快なことを書いた英語の本があったろうか。それに英語の本で、内容がタテ組みは、この本がはじめてではないだろうか。題名も仮題の「新しい英語の学習法」では、せいぜい一万部どまりだろう。内容がよい。それだけでは駄目だ。とにかく、私同様に、英語コンプレックスにおちいっている多くの日本人には、この本の名は面白く学べる「頭のよくなる本」がいい例だ。何回も何回も題名会議が開かれた。ああでもない、こうでもない。やっと、「英語に強くなる本―教室では学べぬ秘法の公開」となっておちついた》

こうして『英語に強くなる本』は、カッパ・ブックスでは初のミリオンセラーとなり、百五万部を売り切って、三十六年の第一位となる。カッパ・ブックスは同じ年、二位に南博『記憶術』、八位に長州一二『日本経済入門』、九位に坂本藤良『日本の会社』が入り、三十七年には第一位に黄小娥『易入門』、二位に浅野八郎『手相術』、七位に小池五郎『スタミナのつく本』が入る。

そして、昭和四十二年に多湖輝の『頭の体操』(1)が第一位、四十三年に佐賀潜の『民法入門』『刑法入門』『商法入門』がベストテン入りし、塩月弥栄子『冠婚葬祭入門』が四十五、四十六年にベストセラーとなる。しかし、昭和四十年代半ば、神吉は労働争議のため社長を退任せざるを得なくなり、光文社を去った。そして、彼が創刊したカッパ・ブックスは、次のような運命をたどる。『週刊読書人』(平成十七年六月十日号)で、光文社社長(現会長)並河良がこう語っている。

《カッパは戦後の出版の歴史を語るうえでも、はずすことのできない大きなブランドでした。残念ですが今は休眠状態ですね。カッパは、ある時期から術、ハウ・トゥー本が主流になってしまった。今はそれがそのまま通用する時代ではないんですね》

そのために、光文社は平成十四年に光文社新書を創刊した。神吉が、岩波書店の造語であるからという理由で、あえて避けた「新書」という言葉を使っているが、この新書の意図は、並河によると次のようなものであった。

《今やるなら何だろうかということで外見からカッパのイメージを払拭して、今の風土に合わせる。光文社新書も一つのやり方ではないかと思います》

並河の言う通り、光文社新書は《今の風土に合わせる》という意図で《カッパのイメージを払拭することによって、平成十七年にこの新書の一冊として刊行した山田真哉『さおだけ屋はなぜ潰れないのか？　身近な疑問からはじめる会計学』が上半期で四十万部を突破するベストセラーになった。

カッパ・ブックスは、今は休眠状態になっているが、青春出版社のプレイブックス、ＫＫベストセラーズのワニの本、祥伝社のノン・ブックス、徳間書店のＴＯＫＵＭＡ　ＢＯＯＫＳなど同種の新書を生み出した功績は否定できない。

3章

文学がビジネスになった

激論の選考、『太陽の季節』

昭和三十一年七月に発表された『経済白書』は、「もはや〝戦後〟ではない」という言葉を結論として使ったが、この言葉は、同年二月号の『文藝春秋』に評論家の中野好夫が書いた評論の題名として用いられたものであった（文藝春秋編『戦後50年 日本人の発言』上、文藝春秋）。この論文で中野は、そろそろ戦争を背後に振り返る「戦後」意識から脱《ぬ》け出して、来たるべき十年への見通しに腰を据えるべき時が来たと指摘しているが、三十一年という年は、出版界や文学界においても、二十年代の「戦後」とは異なる現象が見られ、新しいタイプのベストセラーを生み出した。

その象徴ともいうべき小説が、三十一年から三十三年にかけてよく売れ、それらの本が社会的な話題ともなった。そのトップバッターとなったのは、三十一年三月十五日に新潮社から刊行された石原慎太郎の『太陽の季節』Ｂ６判、二七五ページ、二百五十円、である。本書には、表題作以外に石原の第一作「灰色の教室」や「冷たい顔」「奪われぬもの」「処刑の部屋」などの作品が収められていたが、「太陽の季節」は第三十四回芥川賞の受賞作であり、この作品が中産階級に属するアプレゲールの若者を描くことでマスコミで評判となり、大宅壮一が「太陽族」という言葉を生み出すまでになったことは周知の事実である。

この作品については、三十一年一月二十三日に東京・築地の料亭「新喜楽」で行われた選考委員会で受賞をめぐって激しい論議が行われ、後に文藝春秋副社長となる鷲尾洋三が直木賞の選考委員会を終えて、《芥川賞の座敷へ入ると、入った途端に、議論が白熱の極点に達しているのが、ピリリと皮膚に感じられた》（日本ジャーナリスト専門学院編『芥川賞の研究』みき書房）ほどである。

この時、最後まで候補として残ったのは「太陽の季節」と藤枝静男の「痩《やせ》我慢の説」で、「太陽の季節」を終始積極的に推したのが舟橋聖一と石川達三、渋々支持したのが瀧井孝作、川端康成、中村光夫、井上靖の四人で、不賛成は佐藤春夫、丹羽文雄、宇野浩二の三人だった。

佐藤は『文藝春秋』三月号に掲載された「選評」でこう書いている。《僕は「太陽の季節」の反倫理的なのは必ずしも排撃はしないが、かういふ風俗小説一般を文芸として最も低級なものと見てゐる上、この作者の鋭敏げな時代感覚もジャーナリストや興行者の域を出ず、決して文学者のものではないと思ったし、またこの作品から作者の美的節度の欠如《けつじょ》を見て最も嫌悪を禁じ得なかった》

「太陽の季節」をこのように評していた佐藤は、選考委員会でも厳しい語調で自説を述べ、《一時は激しい空気がかもされた》（『戦後50年　日本人の発言』上）が、結局、佐藤が譲歩して「太陽の季節」の受賞が決まり、午後九時頃、石原に知らせが届いた。

太陽の季節

石原はその夜、逗子の自宅でひとり気をもみながら、知らせを待っていたが、時計が八時半を過ぎた頃、もう決ったはずだと訳もなく自信が出たり、次の瞬間には全然見込みがないと思えたりして、落ちつけなかった、という思い出がある。外には雪の舞う寒い夜だった（『芥川賞の研究』）。

文学が事業となった

芥川賞受賞作「太陽の季節」は、文藝春秋主催の第一回文学界新人賞の受賞作でもあった。芥川賞は『文藝春秋』を創刊した菊池寛が昭和十年に創設し、受賞作は同誌に掲載される。だから「太陽の季節」は、文藝春秋が刊行すると思われたが、五編の作品を収録した単行本の『太陽の季節』は、新潮社から刊行された。これは、新人賞の受賞作として《『文学界』に掲載されたとき、文藝春秋社《ママ》ならぬ新潮社がいちはやく目をつけ、電報で白面の一学生にすぎぬ石原を呼びだして、出版の約束をしてしまった》（『ベストセラー物語』上）からである。

その経緯を、当時、新潮社の編集者だった進藤純孝が『ジャアナリスト作法』（角川書店）という著書で書いている。進藤は新潮社を退社して以後、文芸評論家になったので、石原の「太陽の季節」について、自分の価値評価を持っていたが、編集者時代は、《十年、百年などと欲ばらずに、十五分だけ早く先取りすることを、編集者は心がけるべきである》（同）という信条の持主で、進藤はその信条を「太陽の季節」の出版において実践した。進藤は書いている。

《芥川賞といえば、遠藤周作さんに続いて、石原慎太郎さんが「太陽の季節」で受賞した。その受賞決定の一週間前に、石原さんが作品集「太陽の季節」を出版してくれないかと、私のところへ話をもってこられた。私は石原さんの作品については、いろいろ注文もあり、都合のいい大人ばかりを設定して、それに向ってむきになって怒りをぶつけているようなところが不満であった。そういう批評もあちこちに書いていた。思い上った甘えん坊だときめつけたこともあった。「太陽の季節」は、芥川賞受賞までは、ばかばかしいさわがれようはしなかった。従って私の批評も、まともなところでぶつけていた。社会現象としてではなく、文学作品として批判していた。そんないきさつはあったのだけれども、どういうわけか、石原さんの話を私が受けることとなった。石原さんは、「みんなあわてることはない。もう少し待てというのですが、『太陽の季節』も映画化が決定しているし、早く本にしたいんです」と、率直に自分の気持ちを話してくれた。私は、「私個人の答えとしては『お引き受けしました』といっておきましょう。ただ、私のような一編集者の一存では出版の決定ができません。編集会議にもかけ、部長の裁断を待たなければなりませんが、私の責任で出せるようになんとか話を持って行きましょう。安心して待っていて下さい」と返答した。

石原に対して、こう答えた進藤は、編集会議にかけ『太陽の季節』の出版が決まった。

《一週間経ち、石原さんの受賞がきまった時、ただちに交渉するようにと部長から命令がきた。私は少しもあわてなかった。だいたい、受賞がきまって、その受賞者を追っかけるのはみっともないと、私はつねづね思っていた。受賞作は、その前に出版社がきまってない以上、賞の世話をした出版社から出すのが、当り前であり、それを邪魔するのは、横取りみたいで醜悪なことであろう。いくら、ジャアナリズムが、非情冷酷な競争であるといっても、私は編集者が人間の誇りを持つかぎり、そんなことはできたものではないと考えていた。
石原さんとの話は、かたづいていたはずである。私にまかせてくれているはずだ。今さらなにもいうことはないと、私はあぐらをかいていた。けっきょく、出版についてのわずらわしいことはなにも起こらなかった》
その結果、単行本は芥川賞を受賞して一カ月余で新潮社から刊行され、一年間で二十六万七千部が売れた。文藝春秋は雑誌掲載だけだった。『ベストセラー物語』上で単行本出版の経緯を伝えた杉浦明平は、新潮社での単行本刊行は、文学における《有能な新人のスカウト》であったと指摘し、《文学は有能な才能が活動するに足る利益と名誉とをそなえた事業となった》と述べ、出版企業も《ベストセラーズをつくりだし、大きな利潤をうみだす産業となろうとしていた》と指摘している。

文学の〝戦後〟も終わった

『太陽の季節』の単行本につけられた帯で伊藤整は「作家石原くんの出現は社会問題のやうな形を呈してゐる」と評し、後に奥野健男が『太陽の季節』の新潮文庫版の解説で、《無名の学生作家の作品がこれだけ騒がれたことは、日本文学史上空前のことである》と指摘したが、文学も「もはや〝戦後〟ではない」新しい時代に入ったのである。

また磯田光一も『戦後日本文学史・年表』(『現代の文学』別巻・講談社)所収の「戦後文学の転換

講和条約から一九六〇年代へ」で、《〝無目標社会〟の青年の情熱、あえていえば目的意識の失われた〝純粋情熱〟を描いたところに石原慎太郎の新しさがあった》と評価しながらも、「太陽の季節」の受賞によって《芥川賞は文学の枠をこえた事件の性格をもちはじめ》、《近代日本の文壇ジャーナリズムでは、懸賞小説に応募して入選した人が、そのまま新人として承認されるケースは皆無に近かった》という文壇の慣習を打破したと述べている。そのため、三十一年十二月号の『中央公論』に十返肇は《文壇というものは無くなった――それが今年の「文壇」回顧として私に最も痛切に感じられた印象である》という書き出しの「『文壇』崩壊論」を書いた。

磯田光一は、「戦後文学の転換」という論文において、文学だけでなく、テレビなどのメディアにも目配りし、十返の「『文壇』崩壊論」をマスコミュニケーションの発達という文脈の中でとらえ、次のように論じていた。

《NHKがテレビの放送を開始したのは昭和二十八年二月一日で、当初の契約台数はわずか八百六十六であったのが、五年後には九十万をこえている。活字にたいする映像文化の出現はこの時期にあたるが、マス・コミュニケーションの異常発達による旧文壇の崩壊は、十返肇の「『文壇』崩壊論」(昭和三十一年十二月『中央公論』)によって次のように指摘されていた。

「……これまでの作家は、いわば文壇という道場で倫理的鍛錬を受けたものの集まりであった。社会的に一人の作家となる以前に無名作家としての生活があった。「苦節十年」などという言葉がいわれたように、彼らは『文壇的雰囲気』の中で先輩友人たちから一般世間の道徳とは違った倫理をふきこまれた。貧乏と病気と女の苦労を体験しなければ一人前の作家にはなれないというような人間修業が真剣に主張され、通念とさえなっていた。

ところが、最近ことにこの一年、そんな苦労など全然もたぬどころか、むしろそのような苦労を軽蔑した若い人たちの作品が商品価値をもって登場し、現代の読者に歓迎されて古い文壇的倫理によって育てられた人々が、いかに嫌厭《けんえん》したところでお構いなしに罷り通っている。」

この十返肇の評言は、具体的には石原慎太郎の華々しい登場にたいする既成文壇の反応の一つを代弁しているが、こういう形であらわれてきた〝文壇崩壊論〟の根底には、日本の戦後社会の変容と、戦前日本人の倫理的バックボーンの崩壊過程が微妙に作用していたと思われる》

こうした変化は、井上ひさしが昭和三十一年五月十七日、浅草日活で映画「太陽の季節」が封切られた日、切符売り場に長い行列ができ、劇場の前に巨大な障子が立てかけられ、呼び込みの男が、この作品の主人公・竜哉が陰茎を障子に突き立てる場面を読み上げていたと伝えている（『ベストセラーの戦後史』1）こととも関連している。

すなわち、『太陽の季節』は、芥川賞受賞という文学的なイベントにとどまらず、マスコミの話題となり、社会的な事件ともなった。その様子を難波功士『族の系譜学　サブ・カルチャーズの戦後史』（青弓社）が論じている。

《翌五六年には、親が「車くらい」与える階級の師弟たちの姿を描いた「弱冠二十四歳の石原慎太郎氏の『太陽の季節』が、第三十四回の芥川賞に決定するや、マス・コミが同調音を奏でて、全国的にひろまった。幾多の問題や異論があるにしても、内容の例外的な野心性、ことに若い世代の共感を呼び、三月単行本で刊行されるや、たちまちにしてベスト・ワンとなり、本年の最高売行き（約二十八万部）を記録した」。その反響の大きさ、三十年以上を経た「文藝春秋」一九九八年三月号での「思い出に残る芥川賞作品」読者アンケートの結果――「太陽の季節」は総得票数八千百二十二票の約一一％にあたる八百九十一票を獲得し第一位――からも容易に推察できるだろう。

だがこのアンケート結果は、小説の内容や石原慎太郎個人の力というよりは、同年に映画化された『太陽の季節』（日活）で銀幕デヴューを果たし、石原慎太郎脚本『狂った果実』（一九五六年）の主役に抜擢された実弟石原裕次郎の人気との相乗効果によるものであった。第一作「灰色の教室」やデヴュー作「太陽の季節」以降立て続けに発表・公刊された石原作品の多くは、中産階級子弟である不良学生たちが喧嘩と性的な放埒に明け暮れる、といったものであり、そこには湘南・葉山のサマー・ハウス、逗子のヨット・ハーバー、油壺のヴィラ、銀座並木通りでのナンパ（「太陽の季節」）や、品川Pホテルでのダンス・パーティー、クルマは五四年型のポンティ、地方で鉱山会社をやっている父親が、上京した大学生の子供のためにこしらえた「東京文社のビルの四階の贅沢なアパートメント」（「処刑の部屋」）などが、小道具や舞台背景として散りばめられていた》。

ちなみに、『夕刊フジ』昭和五十六年三月四日付の「ぴいぷる」というインタビュー記事は、日本警備保障（現セコム）会長の飯田亮《まこと》をとりあげ、《湘南高校時代の同級生、石原慎太郎の小説『太陽の季節』の主人公は、飯田さんがモデルだったというのが、関係者の間では定説になっているそうだ》と書いている。

太陽の子は稼ぐ

『太陽の季節』が社会的な存在となったのは、メディアの影響が強かったが、なかでも、映画の影響が強かった。その問題を、難波はこう論じている。

《この石原兄弟をめぐる狂騒の背景として、一九五六年に映画館六千百二十三館、入場観客九億九千四百万人当たり観覧回数年十一回、翌年にはそれぞれ六千八百六十五館、十億九千八百八十三万人、約十二・三回を数えるまでに至る、当時のメディア環境は見過ごせない。五三年に始まったテレビ放送にやがて凌駕されるものの、五〇年代後半には、全国津々浦々の老若男女を均して月一回程度は映画館へと足を運んでおり、この時期映画は最大のマスメディアであった。三六年から四五年生まれを指して「キネマ世代」という呼び方も存在するが、そこから太陽族ブームの担い手の多くが輩出されたのである。キネマ世代の以下の証言からは、狂騒がより広い層へと波及していき、スクリーンに映し出された裕次郎の姿を真似た若者が、海岸や街角に大量発生した様子が見てとれる》

こうした過剰なるブームについて、三一年七月十五日号の『週刊朝日』は「『もういい、慎太郎』〝太陽族映画をたたく〟」という特集を組んだほどである。が、その前の週の七月八日号の『サンデー毎日』の「はなしのタネ」というコラムは、「太陽の子は稼ぐ」と題し、こんなエピソードを伝えている。
《石原ブームのきっかけをつくった「太陽の季節」は現在すでに十六、七万部。一冊二百六十円だから印税一割とみて、ざっと四百万円。三笠書房から出た第二創作集「理由なき復讐」もすでに四万五千部これでも百万円がとこ、先週完結した週刊新潮連載の「月蝕」の原稿料も大きく、やがてこれも本になり印税が入る。その他小説、雑文、随筆、放送と息つく間もなく追いかけられ、合わせて百万円がとこは間違いないが、なんといっても大きいのは映画だ。「太陽の季節」石原がまだ芥川賞をとる前、すでに目先のきく映画屋どもが騒いで、日活が二十万円で買取ってこれが大当り、東宝も追いかけて自社の社員に迎えて「日蝕の夏」さらにつづいて「ヨットと少年」「狂った果実」を日活が、「処刑の部屋」が大映で夏から秋にかけて続々封切予定とある。いずれも原作料五十万から七十万円、しかも「太陽の季節」にはチョッと顔を出して、主役の長門裕之そっちのけの人気で、シンタロウ刈りをはやらせ、余勢をかってつづく「狂った果実」にはみずから主役を買っての出演、ここでまた思わぬ出演料が転げ込む。思えば思うほどうらやましいかぎりだが、以上ザッと見ても八百万円から一千万円がほどの勘定。それがわずか半年足らずのしかも弱冠二十三歳のかけ出し作家のかせぎなのだからアキレる。月給一万円そこらをもって、新入社員生活をアタフタする子をもつ親御さんよ、大いにヒガむことですな》
　そして三十一年の九月、まだ〝太陽族〟ブームは続いていた。大村彦次郎の〈文壇三部作〉の最終篇である『文壇挽歌物語』（筑摩書房）には、こんな一節がある。

《文藝春秋社主催《ママ》の甲信地方文化講演会がおこなわれたのはこの年の九月中旬であった。講演会は甲府市内から始まり、諏訪、駒ヶ根、松本と四泊五日の行程で、講師は子母沢寛、河盛好蔵、漫画家の和田義三に加えて、この夏芥川賞を受賞してまだ二か月余の石原慎太郎の四人だった。一行中のお目当ては当然石原の筈だったが、最初の日の甲府会場では、撮影所の進行の遅れで、石原が予定の列車に間に合いそうになく、万一を慮《おもんばか》ってピンチ・ヒッターとして源氏鶏太が一と晩だけ参加することになった。甲府では土砂降りの雨にも拘わらず、会場には三千人ほどの客が集まり、屋外にあぶれた聴衆のために拡声器が取り付けられた。

超満員の客の大半は若い女性で占められた。源氏が喋ったあと、子母沢が演壇に上がったが、会場を埋め尽くした女性を見て、子母沢は自分のような老骨が出て古臭い話をするのは場違いではないか、と気になった。子母沢は早々に話を切り上げ、控え室に戻ったが、そこに遅れてやってきた石原がいて、初対面の挨拶をかわした。石原が到着したことを知って、すでに部屋の外には若い女性たちが押しかけ、周囲は異常な雰囲気に包まれていた。その晩、子母沢は石原と同じ車で宿舎に帰ることになったので、ひと足先に車内に入って、石原の講演が済むのを待っていた。まもなく石原が女性たちにもみくちゃにされ、傘も差せず、ずぶ濡れのまま車内に乗り込んできた。膝から下のズボンは泥まみれだった。車を取り囲んだ女性たちから、「慎ちゃん、開けてぇ」、「こっち向いてぇ」と、叫ぶ嬌声が暫く続いた。一行の幹事役である「文藝春秋」編集長の上林吾郎が、「運転手さん、構わずにやってくれ！」と、大声で車の発進を促した》

大村は、これに続く光景も叙述している。それは、こんな具合であった。

《このあと一行の講演会はどこの会場に行っても、石原をひと目見ようとする客たちで連夜超満員になった。諏訪市の会場は古い木造の料理屋を買収して市民会館に改築したので、詰めかけた客の勢いで建物全体が前後左右に揺れ、演壇の講師は喋りながら身の危険を感じるほどだった。「新撰組始末記」の著者子母沢寛はこの年六十三歳、まだ「太陽の季節」を読んでいなかったが、各地で狂ったような聴衆の光景に接し、驚嘆した。大正から昭和の初めにかけ、子母沢は新聞記者をしていたが、いま新しい作家の登場とそれを迎える若者たちの反応ぶりを眺めて、あきらかに時代が変り目に来たことを知らされた》

また、巖谷大四も『戦後・日本文壇史』（朝日新聞社）という著書で、石原慎太郎の人気がいかにすさまじいものであったかを報告しているが、そのエピソードの中には当時流行した〝慎太郎刈り〟と呼ばれたヘアスタイルのことも紹介されている。

《また幾日かして、夕陽が美しく映える釧路の町にあらわれた彼は、とある床屋に入った。するとそこへ兄チャン風の男が入って来て、台に腰かけるなり、オヤジに向って、「オウ、〝慎太郎刈り〟にしてくんな」と言った。〝慎太郎刈り〟を知らないオヤジは、隣の石原氏を指さして「このとおりでよござんすか」と答えた。件の兄チャンは、はっと気がついてそれから猫のようにおとなしくなってしまった》

知られざる盗作疑惑

『太陽の季節』が芥川賞を受賞することによって一躍人気作家になった石原は、まるでアイドルのような存在になったが、その石原に盗作疑惑があったということはあまり知られていない。栗原裕一郎著『〈盗作〉の文学史　市場・メディア・著作権』（新曜社）が伝えているが、この本によると、『太陽の季節』には盗作疑惑があったという。本書の〈第八章　その他の事件〉には、こんな事実が紹介されている。

《石原慎太郎には何件か盗作疑惑があった。が、どれも報道にはいたっておらず、関連記述も少ない。

まず『太陽の季節』。一九五五年度第一回文學界新人賞、一九五六年度第三十四回芥川賞受賞作。有名な〝障子破り〟のシーンが、武田泰淳「異形の者」（一九五〇年）からの「借用」ではないかと囁かれた。渡部直己も『メルトダウンする文学への九通の手紙』（早美出版社、二〇〇六年）で触れている。文學界新人賞受賞前後から問題視されていたようで、当時『文學界』編集長だった尾関栄《ひさし》が『文藝春秋』一九八九年二月号で次のような回想をしている。

「初めて読んだ時は、たしかに新鮮な感じがしました。もっとも、五年前に武田泰淳さんが「異形の者」という小説を書かれていて、その中に坊さんが性器で障子を突き破るシーンがあったんです。ですから、「アイディアが似ているな」と思い、編集長としては、賞に値いするかどうか迷う部分がありました」

ところで武田は、石原が受賞したときの文學界新人賞選考委員である。選評では「巧妙な小説を造り出す才能とエネルギー」と評していた》

そして、栗原は本書で両作品から次の一節を引用し、並べて紹介している。

穴山の目的はもちろん障子を倒すことなどにはなかった。直立させた陰茎で障子紙に穴をあけるのであった。彼は横に位置をうつすと、またオウと腰を動かした。紙の刺し通される音はきこえるようであるが、それがたしかめられなかった。私はおそらく穴山がそのつど感じているであろう触感で、プスリという一突き一突きの感覚を自分の下半身にうけとった。紙には割に正確な円形で、黒々とした廊下の闇がのぞいていた。

（……）

穴山がその動作をするさいの姿勢が眼に入ったとき、最初、私は、たまらない淫猥を感じた。

（『異形の者』）

部屋の英子がこちらを向いた気配に、彼は勃起した陰茎を外から障子に突き立てた。障子は乾いた音をたてて破れ、それを見た英子は読んでいた本を力一杯障子にぶつけたのだ。本は見事、的に当たって畳に落ちた。

その瞬間、竜哉は体中が引き締まるような快感を感じた。

（『太陽の季節』）》

『太陽の季節』のあまりにも有名な一節にまつわるエピソードだが、盗作と言えるかどうかは、その後、論議されていない。

芥川賞をメジャーにした力

ところで、『太陽の季節』は文学というジャンルを超えて社会的な反響をよんだので、作品の受けとめ方も多様であった。その例証を紹介しておくと、まず臼井吉見『小説の味わい方』（新潮文庫）には、こんな例が紹介されている。

《ところで、作者石原慎太郎が、文芸講演で、信州諏訪へ出かけたときの様子を、僕はラジオの録音で聞きました。聴講者のうち、年輩のひとは『太陽の季節』の作家や作品について、かなりの反感を抱いていたらしく、非難めいた口をきいていたのが、作者の顔を見、その話を聞いた後では、たちまち態度が一変したらしいのです。

小説によって想像していた不良とちがい、むしろ好感のもてる青年だということ、あの小説は、作者が自分のやっていることを描いたのではなく、まわりの仲間のことを描いたものらしいこと、そんなところから、反感が好感に変ったようでした。多くのものが、そんなふうの感想を語っていました。作中の人物と、作者その人との混同ということです。こういう読みかたで、反感をもったり、逆に好意を感じられたりされたのでは、作品も、作者もたまりません。作品と作家とは、あくまで別のものです。同時に作品と、実際の現実とを混同してはこまります。作品というものは、それ自身独立したあくまで作者のつくり出した世界なのです》

また池島信平『雑誌記者』（中央公論社）には、こんな例が報告されている。

《芥川賞が戦後、特に世評にのぼる端緒をつくったのは石原慎太郎の出現である。太陽族という、いやな言葉が生まれたのもそのためであるが、このときのことは、思い出しても大へんだった。「なぜああいうひどい小説を芥川賞にしたか。お前は社会道徳破壊の元兇の一人だぞ」という手紙が毎日のように、何通も来た。（略）元兇の一人と思われたわたくしはたくさんの脅迫状を貰い、かなり迷惑したが、面白いもので、しばらくすると攻撃の罵詈讒謗《ばりざんぼう》の投書はだんだん少なくなってきた。「あの小説は若い者の気持ちを正直に書いてあって面白かった」という投書もだんだんふえてきた。なかで変っていたのは、九州の或るお医者さんからの投書で、エンエンと便箋に細かい字で十枚ぐらい書いてあった。それは「太陽の季節」のなかの主人公が障子を破ることとの可能性についての医学的、且つ科学的な実験を報告したものであった。障子紙の張力、またこれを破るものとの角度とかと、異物が障子紙に当って軟化する状態の実験とか、いろいろ具体的な例を挙げて考察し、結論として、もし障子が手漉きの日本紙であったならば、破れるものではない、従ってあの小説のあの部分はウソである、ということに念の入った報告であった。いずれにせよ、この小説が異常な世論を捲き起こしたことは事実であるが、わたくしは芸術品というものは、既製の道徳的価値ばかりで判断すべきものではないと思う》

このように多様な受けとめ方を許容することによって、『太陽の季節』は社会的なブームを起こし、芥川賞を最もポピュラーな文学賞にすることに貢献した。

素人と才女の時代

『太陽の季節』がベストセラー第一位となった昭和三十一年には、三十二年と三十三年にベストセラー第一位となる小説も刊行されている。七月三十日に五味川純平の『人間の条件』第一部（新書判、二八九ページ、百七十円）が三一書房から刊行され、十二月十日に原田康子の『挽歌《ばんか》』（B6判、二八六ページ、二百四十円）が東都書房から刊行された。

このうち、『人間の条件』は全六部となり、ベストセラー第一位となったのは、第六部が完結した三十三年のことで、三十二年に第一位となったのは『挽歌』であった。これら二つの作品は、石原慎太郎が芥川賞を受賞して、いきなり無名の新人からスター作家になったと同じように、無名の著者の作品でありながら、最初の出版がベストセラーとなった。

だから、原田康子について特集した『サンデー毎日』昭和三十二年六月二日号のトップ記事の題名は「『挽歌』の魅力　無名作家の生んだベストセラー」となっており、こんなリードが掲げられている。

《いまの文壇は、第一に〝素人の時代〟といわれるそうです。たとえば石原慎太郎、深沢七郎などなどのデビューぶりです。いまの文壇は、第二に〝才女時代〟だそうです。たとえば曽野綾子、有吉佐和子、深井迪子などの活躍です。（後略）》

ここに出てくる深沢七郎は『楢山節考』で中央公論新人賞を受賞してデビューし、三十二年にこの作品はベストセラー二位となった。『サンデー毎日』で原田について特集した時に三十六万部に達していた『挽歌』は、さいはての町、北海道の釧路を舞台とし、劇団の美術部員である兵藤令子という少女が建築家の桂木と知り合い、桂木夫人の不貞をかぎとることで、桂木との関係を深め、やがて桂木夫人が自殺するという形でストーリーが展開する。

挽歌

この小説は刊行当初、《初版一万部、在庫四千部という状態で昭和三十二年の春を迎える》（『ベストセラー物語』中）のだが、舞台が釧路で作者が女性であったため、ムードのある広告を行い、映画化と連動することによって女性読者を獲得し、七十二万部という部数に達する。『挽歌』の場合、作者が無名で、版元も東都書房という無名の出版社であったのに、これだけの売れ行きを示したのは意外であったと言ってよい。

実は、東都書房とは、講談社が経営刷新のために設立した傍系会社であった。講談社がやれない分野を開拓するという狙いを持った出版社として三十一年四月五日に発足し、『永井荷風選集』五巻と三角寛『山窩綺談《さんかきだん》』などを刊行した。その東都書房が『挽歌』を刊行することになった経緯については、後に同社代表となる高橋清次が東販発行の『新刊ニュース』昭和三十三年三月号に「編集者版『挽歌』始末記」と題して書いている。

写真を入れたムード広告

高橋清次が書いた「編集者版『挽歌《ばんか》』始末記」によれば、東都書房が『挽歌』を出版するまでには前史があった。それは、講談社で文芸雑誌『群像』の編集を創刊から六年間手がけてきた高橋が人事局に転じても文学偏好癖が断ち切れず、昭和二十九年の晩春、野間文芸賞の選考資料作成委員として、いろいろな作品を読んでいて『近代文学』に連載されていた畔柳二美の長編『姉妹』に魅《ひ》かれ、出版局員に一読と出版をすすめたところ、六月に刊行され、十一月に第八回毎日出版文化賞を受賞したことだった。

これに刺激された出版局長の山口啓志は、その年の『新潮』十二月号の「全国同人雑誌推薦小説特集」で原田康子の「サビタの記憶」という作品と出会う。山口は長編があったら拝見したい、という手紙を原田に出した。やがて原田の所属する同人雑誌『北海文学』に掲載された二百枚位の作品が届いたが、それは出版にならず、作者に返された。

その頃、原田は『挽歌』を書きため、三十年六月から三十一年七月にかけてガリ版刷りの『北海文学』に連載していたので、この作品を加筆して山口に送ってきた。原稿が届いた旨の返事を出して間もなく、山口は病気で倒れ、原稿はしばらく山口の自宅に持ち帰られたままとなっていた。

その作品が陽《ひ》の目を見ることになったのは、原田から山口宛の速達の封書があいついで二通届いたのがきっかけで、山口と机を並べていた木村重義が原田の原稿を山口の自宅から社に持って来たからである。原田の手紙には、『挽歌』を五所平之助監督の手で映画化したいという申し出があったことが書かれており、それらのことを木村は当時、東都書房の代表だった高橋哲之助に話し、木村が原稿を読むことになった。そして、木村は《新人でこれだけのものが書ける力量の人は、そうザラにはない》と高橋代表に報告した。

そこで高橋代表は、高橋清次に「ジックリ読んで判断して下さい」と話した。三十一年十月一日のことだったが、三日後の日曜日に読むことを約束して自宅へ持ち帰ったところ、日本女子大に通っている高橋清次の娘さんがその原稿を知り、一晩かかって読み、「一気に読んでしまった」と言った。高橋も日曜日の朝十時から読み始め、途中一時間中断し、午後十一時半に読了した。高橋清次は出版すべきことを高橋代表に伝え、十一月七日に刊行が確定、題字と推薦文を伊藤整に依頼し、巻末に原田康子の写真を掲載し、十二月十六日に刊行された。

この本の広告は三十二年一月二十三日付から写真を入れるようになり、冬枯れの雑木林の中をスカーフを巻いた若い女性が歩いているムード広告が注目され、新聞、雑誌での書評も好評だった。そして、二月二十八日には女流文学賞に決まり、出版の広告賞も受賞し、映画が封切られた九月一日には六十万部に達していた。

『挽歌』がどのように読者に受けとめられたかについては、原田自身が映画化の時に撮影所でオフィスガールに作品の感想を聞いたら、皆が「九十九パーセント、令子に共鳴するけれど、たった一つだけ、令子が桂木夫人の恋人と接吻するところが気に入らない」という答があり、これに対して原田は《ドライだとかかんとかいわれますけど、今の若い人の気持って、案外きれいなんですね。たしかにあそこは、そういうきれいさじゃない》と語っている（『週刊朝日』昭和三十二年四月七日号）。また同じ記事で、原田は《『挽歌』の批評が好意的っていうのかしら、まるで完成された作品みたいな扱い方だったでしょ。とても不安なんです。正面から切りこんで来るような、親切な作品批評がほしかったんです》と、注文をつけている。

週刊誌の記事が火付け

昭和三十一年に三一書房から第一部が刊行された五味川純平の『人間の条件』が突然のベストセラーとなるのは、三十三年のことである。この年二月、第六部が刊行されて完結し、二月十六日号の『週刊朝日』に「隠れたベストセラー『人間の条件』」という巻頭七ページにわたるトップ記事が掲載されたことがきっかけで、記事のリードには、こう謳《うた》われていた。

《新聞の広告にも出ない、批評家にもほとんど問題にされない一冊の本が、いま農村で、町で、職場で、家庭で読まれている。無名の新人五味川純平氏の「人間の条件」（六部作）が、それである。この一年間ですでに十九万部売れ、しかも尻上がりに次第に版を重ねているという。この本のどこが現代人に訴えているのだろう》

このように前おきして、記事は、読者の感想、あらすじ、作家・五味川純平、といった章立てで構成し、臼井吉見による「ついに出た戦争文学『人間の条件』を読んで」という本書の感想が掲載されており、感想は次のように書き出されていた。

《「雪は降りしきった。

遠い灯までさえぎるものもない暗い曠《こう》野《や》を、静かに、忍び足で、時間が去って行った。

雪は無心に舞い続け、降り積り、やがて、人の寝た形の、低い小さな丘を作った」

三千枚の長編「人間の条件」のむすびである。子どものころ読んだ長い物語の最後には、おきまりのように、「大団円」と書かれ、「おわり」とルビがふられていた。いま、ぼくはゆくりなくも、それを思いおこし、「とうとうダイダンエンか」と口のなかでつぶやいている自分に気がついた》

昭和十八年の初め、ガダルカナルとスターリングラードで日独

人間の条件

両軍が敗れて第二次大戦の戦局が転回しはじめた頃、満州にある製鉄会社調査部に勤める青年社員梶が老虎嶺鉱山の労務管理の責任者に任命されることで「召集免除」となり、美千子と結婚するが、その梶は「センチメンタル・ヒューマニスト」と評されながら自己の信条に忠実に生きようとすることで多くの苦難に出合う。その結果は、日本の敗戦を迎え、ソ連軍と戦って生き延びながら、荒野を放浪し、ついに雪の中で死んでゆくという運命であったが、その場面で物語は終わる。

ちなみに、この長編小説の第一部は次のように始まっていた。

《いつまで歩いてもきりがない。そうしたものだ、二人連れで歩く道は。とりとめなく語り合ったが、肝腎なことには触れていない。触れたいくせに、互いに避けている。

棉のような雪が宵闇の迫る中を静かに舞い降りていた。寒くはなかった。満州では、こういう雪は珍しい。たいていが砂のようにサラサラとして、吹きつけられて肌をさす。それが、いまは、ふんわりと柔かく包むようである。

町角で二人は立ち停った。人通りは尠なかった。雪でふちどられはじめた窓々に灯が暖かく瞬いていた。ここから先き、道が二つに分かれている。

「あたし、もう、行きましょうか?」

美千子が心とは反対のことを云った。

梶は美千子の肩越しに、角の家具店の飾窓を見ていた。美千子は梶の視線の先きに、壁掛の皿を見た。ロダンの《べーゼ》の模写を焼付けたのであろう、裸形の男女が犇《ひし》と抱き合っていた。

梶の視線がそこから外れて、宙に迷った。美千子がそれを捉えた。

「あなたらしくないわ」

「何故！」

「逃げているんですもの」》

この長編小説を、『週刊朝日』がトップ記事でとりあげることになったのは、当時、同誌の書評欄「週刊図書館」の担当者の一人であった臼井吉見が、「有馬稲子がその本を読み、ひどく感心し、『にんじんくらぶ』で映画化することになった、という小説があるそうだ。いや、何でも若い人たちの間で評判になっているそうだ」と発言したことであると、当時の『週刊朝日』編集長だった扇谷正造が『ベストセラー物語』中で書いている。

大衆を引きつける面白さ

扇谷によると、臼井吉見の発言を受けて、「ああ、あの新書判か」と何人かが応じ、「アンドレ・マルローの翻訳かと思って見すごしていた」という者もいたが、三十人近い編集部員が男女年齢別々に読み、「面白い、迫力がある」という感想を述べた。「よし」ということになり、完結編の第六部を待って昭和三十三年二月十六日号で特集することにした。

当時の『週刊朝日』の部数は百五十三万部。まだ十九万部しか売れておらず、二月一週までベストテンに入っていなかった『人間の条件』は、二週目に突然第一位となり、急速に売れ行きを伸ばしてゆく。扇谷によると、五味川純平は、本書の第五部で描かれているソ連との戦いを、自分でも体験し、その時、百五十八人の部隊で生き残ったのは五味川を含めて四人だった。そんな体験を持つ五味川が、「自分の意思ではなく、死んでいった人々は、どうしたらいいのか」という思いで書いたのが『人間の条件』である。そういう思いで書いた『人間の条件』を、最初は劇団民芸の早川昭二に見てもらい、「面白い」と言った早川は、理論社の創業者である小宮山量平のところへ原稿を持って行った。しかし、作品には難がないのだが、理論社では刊行できず、原稿は三一書房へ回され、編集長の竹村一が読んだ。

彼は一読して、すぐに原稿にほれ込み、「これが売れなかったら、自分は出版人をやめる」と決意し、三一書房での出版が決まった。そして、第一部を刊行して二十日後に第二部も刊行され、昭和三十二年中には五部まで刊行されたが、五味川は第一部の巻頭にある〈まえがき〉で、こう書いた。

《或る局面での人間の条件を見究めたいという途方もない企《たくら》みを私はした。(略)ところで、何を書くにしても、それが、物語であるならば、面白くなければならない、という観念から私は離れられない──面白く書けたかどうかは別として──》

この作品は、三十三年十二月で全六巻の総部数が二百四十万部に達したが、同年六月十日には百万部突破を祝う会が開かれている。その時、新評論社社長の美作太郎は「民主的な出版社の本は売れないものだと自他ともに思っていたが、その常識がこれほど見事にくつがえされるとは、夢にも思いませんでした」と挨拶した（山崎安雄『ベストセラー作法』白凰社）。
　山崎によると、《『人間の条件』を書き出したのが昭和三十年九月、全六巻二千九百六十枚を書き終わったのが三十三年一月七日》であったが、山田宗睦は、『人間の条件』が刊行され始めた昭和三十一年という年は石原慎太郎、原田康子、五味川など《小説の素人が一躍問題作を出し》、《文学の変質がはじまった年であり、この変質は、素人作家が、娯楽に眼《め》をひらいた〈一千万（テン・ミリオン）〉大衆の関心をみたすことで生じた》（「新しい回路（チャンネル）の創造」『演出者の眼・ライターの眼』三一書房）と指摘している。そして、山田は五味川が『人間の条件』第一部の巻頭にある〈まえがき〉で《物語であるならば、面白くなければならない》と書いたことについてふれながら、作者と共に三一書房編集長の竹村一についても評価している。
《面白さと低俗さを同義語にし、純文学の高踏性、晦渋性を高貴なエリート知識人の文化的良心だとかたくなに固守していた、閉鎖的な既存の文壇への痛烈なアンチ・テーゼとして、竹村が『人間の條件』を評価したのである。これを契機に中間小説論なる論争もめばえ、またしばらくして、松本清張などの社会派推理小説が日本の読書界に大反響をおこし、大衆をひきつけていったのである。その意味において、三一書房編集部は、先覚者としての栄誉をもったのである》
　昭和三十一年から三十三年にかけての文学の変質は、それ以後の文学状況も変えていったのである。

〝お産〟の本から〝性生活の知恵〟へ

五味川純平の『人間の条件』が爆発的なベストセラーになった昭和三十三年。この年の七月、後にミリオンセラーとなり、ロングセラーともなる本を生み出すきっかけとなった『お産　らくなお産と上手な避妊法』という本が池田書店から刊行された。著者は謝国権。後に日赤の産院医局長になる人だが、この名前は、三十五年に刊行された『性生活の知恵』の著者として知られることになる。

その謝国権が三十三年に出した『お産』という本は、謝国権と池田書店を結びつけることになり、そのことが『性生活の知恵』を池田書店が刊行することにつながってゆく。池田書店が『お産』という本の執筆を謝国権に依頼したのは、同社社長であった池田敏子が病院の待合室で読んだ婦人雑誌で謝国権が図解入りでお産について書いている記事を目にとめたためである。その記事は、具体的で実にわかりやすかった。

その頃、池田書店では出産に関する実用書を出す企画があり、ある著者に依頼しようとしていたが、池田は急拠、謝国権に電話をした。謝国権は同じような本を他の出版社から出すことになっていたのだが、その出版社が倒産したため、池田書店からの依頼を受けることにした

編集は池田の息子で、後に池田書店社長になる池田菊敏が担当することになり、原稿が出来上がったが、書名を決める段階で著者と編集者の意見が衝突した。池田はズバリ『お産』という書名を主張したが、これに謝国権がこだわったからである。「あまりに素人っぽすぎる」と、謝国権は言った。

しかし、池田は「この本を買う人は、〝お産の本を下さい〟といってきますから」と答え、『お産』となった。結果として、これが成功し、長い間、版を重ねることになる。

本書を出した後、池田と謝国権は、ふたたび新たな本の構想をふくらませた。それは、性に関する知識を明るく話しあえる本だった。そんな本を「謝先生なら書ける」と、池田は思った。しかし、謝国権は最初、この本の執筆をためらった。当時、性の問題はタブー視されていたし、ちょうど日赤産院の医局長になる寸前でもあったからだ。

だが、謝国権は書く決心を固め、今度は自分でなければ書けないものをと考えはじめた。それまでの性に関する本は、ヴァン・デ・ヴェルデの『完全なる結婚』や高橋鐵の『あるす・あまとりあ』にしても、性行為の態位の説明が文字だけで行われ、具体的ではなかった。そこで謝国権は、態位を視覚的に表現し、いやらしいと考えられている言葉を避ける工夫をした。

性生活の知恵

しかし、言葉での説明は性用語を避けようとすると、むつかしい表現になってしまうのでそれを避け、わかりやすく理解できる画期的なアイデアが生まれた。

モデル人形を使った視覚的な表現

謝国権が性行為の態位を説明するために考えた画期的なアイデ

アは、彼が受胎調節の指導で、スライドを使っていることがヒントとなった。そのスライドは、女性用の避妊具をどのように使用するかを図解したものであったが、そこから、画家の使っているモデル人形へと思いを馳《は》せ、視覚的な表現を考えた。

モデル人形は木製で、頭や手足などを動かせて、さまざまなポーズを作り出せるようになっているが、二つのモデル人形を組み合わせて、態位を表現し、それを写真に撮ったらと考えたのである。ところが、木製の人形なので、二つをうまく組み合わせることができず、見た目にもあまりきれいではなかった。せっかくの試みは挫折した。しかし、謝国権はあきらめなかった。

二つの人形を合体させようとしたから駄目なので、分割して別々にポーズをとらせたらどうかと考え、試みてみると、こんどは大丈夫だった。人間の持つ想像力によって、男女二体に分割された態位を一体のものに統一して理解できることもわかった。態位を視覚的に表現するという問題は解決したので、次に態位を説明する言葉を工夫することにした。

本書では、態位を対向位、後向位の二つに分け、対向位を女性仰臥《ぎょうが》位、男性仰臥位、男性坐《ざ》位、側臥位の四つに、後向位を女性俯伏《ふふく》位、男性仰臥位および坐位、側臥位の四つに分け、この基本的態位の組み合せを変えることによって態位にバリエーションをもたせることにした。そのため、正常位という言葉は使われていないが、これはこの態位以外は異常な態位ということになるからだ。

また本書では、それぞれの態位をとった人形にアルファベットをつけた口絵写真が巻頭に掲載されているが、受動的な立場にある側にアルファベットの大文字、主動的な側に小文字があてられている。だから、態位Ａａとか態位Ｂｂなどの説明でよく、性用語を使う必要はなかった。

書名にも工夫がこらされた。『性生活の知恵』という書名になった経緯については、謝国権が田原総一朗の『「戦後五十年の生き証人」が語る』（中央公論社）の中で、こう明かしている。

《本の題名をつけるとき、出版社は「性生活」という言葉は絶対使えないと言ってきたんです。こういう言葉を出したら、本屋は手近なところに置いてくれない、と。だから、それまでは「結婚生活」とか「結婚の医学」という題名で逃げていたわけです。私は、「だったら、本は出さない。だいたい結婚生活の中で、性生活が何パーセントを占めているというのか。それを〝結婚生活〟と言ってセックスだけを語るのか。まして〝結婚の医学〟なんて冗談じゃない。結婚における医学の分野なんてほんの少しじゃないか。そういう言葉で代弁することじたい、〝セックスというものは恥ずかしいものだ〟と言っているようなものじゃないか。こう書いて売れなければ、売れなくてもいい。そのうち必要とする人は買っていくだろう。〝性生活〟という言葉は絶対に出さなくてはいやだ」と突っ張った。出版社側もそうとう悩んだみたいですね。結局、池田さんは「知恵」という言葉を加えようと言ってきたんです。これはよい題名でした》

『性生活の知恵』は昭和三十五年六月二十五日に初版五千部が刊行されたが、発売三日目の二万部を振出しに増刷が続く。そのため、夫人は毎日、検印の印を押すのに追われた。その時の様子を謝国権は田原に語っている。

《六月に出て、九月から五日ごとに一万部検印したんです。ページの最後に著者の検印があって、手術の麻酔から醒めたら（本が出版されたところ、肺の手術をした）、傍らで女房が一生懸命検印していた。「そんなもの、ゆっくりやればいいじゃないか」と言うと、「冗談じゃない。明日までに全部渡さなければならないんだから」と言う。たしかに一日二〇〇〇ハンコを押していくのは大変ですよ。で、昭和三十五年末まで半年で三五万部、三十七年末で一〇〇万部、三十九年三月で一二五万部、四十一年四月で一五〇万部、昭和六十年くらいまで、ずっと売れていましたね。ただ、そのころになると、さすがに年に二〇〇〇部売れるのがやっとでした。それで打ち切ったんです。この本の使命も終わったな、と感じましたし、出版社にしても倉庫代が大変ですから、名誉ある絶版にしました。トータルで一九八万五〇〇〇部でストップしたわけです。

この本で二十五年食えました。それまで書いたお産の本は、年に二〇〇〇部も売れれば御の字でしたが、この本が売れたことによって、五〇〇〇部くらい売れた時代があったんです。また、最初の定価は三二〇円でした。当時、私に対する印税が八パーセントですから、税金を差し引いて、一部売れたら二〇円くらいの収入になる。一万部売れたって、大変な金額ですよ。私はすでに医局長――今でいう医長――でしたが、月給は二万円を切っていましたからね（間もなく印税は一〇パーセント、定価が次第に上がり一〇〇〇円になる）》

そして『性生活の知恵』が刊行されて十一年後の四十六年五月、奈良林祥《やすし》『HOW TO SEX 性についての方法』がKKベストセラーズから刊行された。本書はカラーやモノクロ写真、イラストで性の技法を視覚化して初版三万部で出発し、四十八年五月十八日、「わいせつ性がきわめて強い」

という警視庁からの警告で重版をストップした時、百二十万部となっていた（『一〇〇万部商法』）。

メディアミックスの先駆

昭和三十九年は東京オリンピックが開かれた年であるが、この年のベストセラー第一位は、前年、大和書房から刊行された河野実・大島みち子『愛と死をみつめて』である。この題名は、三十九年にはベストセラー・リストだけでなく、映画配収やヒットシングルのベストテン・リストにも登場している。

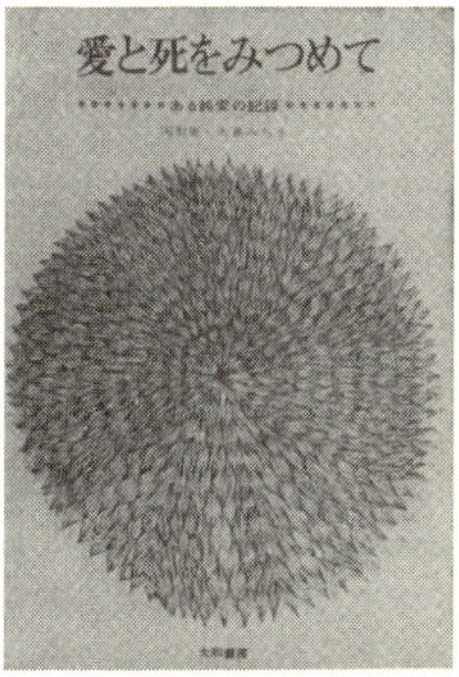

愛と死をみつめて

平成十九年に創刊された『昭和タイムズ』という週刊百科の第一号（デアゴスティーニ・ジャパン）は三十九年の出来事を紹介しているが、その巻末に掲載されているランキング表によると、映画配収ベストテンで『愛と死をみつめて』は第三位に入り、配収が四億七千五百万円、ヒットシングルでは七位に位置し、青山和子の歌ったレコードが日本コロムビアから発売されている。

『愛と死をみつめて』はラジオドラマやテレビドラマにもなり、メディアミックスという形で、いろいろなメディアのソフトになるという形で社会に広まっていったのだが、こういう現象がこれ以後のベストセラーには目立つようになる。なかでも、テレビというメディアが特に本の売れ行きに影響を与えるようになり、そのベストセラーは、テレセラーと呼ばれるようになった。『旋風二十年』を扱った章で紹介した鱒書房社長の増永善吉が昭和三十一年に予測した事態が現実となったのである。

こうしたメディアミックスという風潮の端緒となった『愛と死をみつめて』は、顔面の骨肉腫という病気におかされた女子学生と恋人との間にかわされた書簡集だが、女子学生の大島みち子は顔面半分に及ぶ大手術の甲斐もなく、三十八年八月七日、二十一歳の若さで亡くなった。死後数週間のち、彼女の恋人である河野実は、大和書房社長の大和岩雄を訪れ、みち子の日記の出版を依頼する。大和が以前刊行した本をみち子に贈ったことがあるからだ。

大和は河野が持ってきた、みち子との四百余通の往復書簡に感動し、それをまず刊行し、日記は翌年一月『若きいのちの日記』と題して刊行されるが、大和は『愛と死をみつめて』の刊行を決めると、マスコミへの働きかけを積極的に行う。その経緯は、『ベストセラー物語』中での見田宗介の紹介と、藤田昌司の『一〇〇万部商法』および吉原敦子『あの本にもう一度』に詳しい。それらによると、大和は『愛と死をみつめて』について発売直前に、『女性自身』と毎日新聞に記事にしてもらうように頼み、前者は三十八年十二月九日号、後者は十二月二日付に掲載された。

本は三十八年十二月二十五日に初版一万部を刊行、三十九年一月十四日のニッポン放送「ラジオ劇場」で『健康な日を三日』と題して放送され、二月十九日に再放送されたため、発売後二カ月で十万部となる。そしてさらに、四月十二日と十九日のＴＢＳテレビ「東芝日曜劇場」が本の題名でドラマ化し、七月にはレコードも売り出され、九月十九日、日活での映画化作品が封切られた。青山和子の歌はレコード大賞を受賞し、結局本は百三十万部にまで伸びる。

『愛と死をみつめて』について紹介した本のうち、『あの本にもう一度』は河野実と大島みち子の出逢いから、本が刊行されて以後までのことを河野から取材しているが、本書によると、河野実とミコこと大島みち子が出逢ったのは、昭和三十五年の夏、大阪大学付属病院病棟の共同炊事場であった。その時のことを、このように書いている。

《「ひとり元気な女の子がいてね。トランジスタラジオでボリュームいっぱいに阪神戦のプロ野球中継をきいているんです。で、ぼくのほうから声をかけたんです」誰の看病をしてるんですか。何気なく訊くと、鼻歌をうたいながら茶碗を洗っていたその少女は明るい声で答えた。「私が病人です」ブルーの花柄のワンピースを着た大島さんはいかにも健康的で、再々入院の患者には見えなかった。自分と同じ簡単な耳鼻科の手術を受ける程度の病気なんだろう、と河野さんは思っていた。御堂筋に面した大島さんの病室はななめ前にあり、廊下をはさんでラジオの阪神戦がいつもきこえてくる。病室でラジオを一緒にきいたり屋上でお喋りをしたりと、あっと言う間の一週間をすごして河野さんは退院する。「私はまだ当分ここよ。忘れないでね、ね、お手紙」》

河野が大島に声をかけたのは、彼が父親ゆずりの阪神ファンだったからだが、こうして出逢った二人は、三年と一カ月にわたって四百通の書簡を交わしあう。本格的な文通は、大島が同志社大学に入学後に病気が再発して四度目の入院をした昭和三十七年の夏からで、河野は長野の自宅から上京し、中央大学の二年生になっていた。河野は、大阪駅でアルバイトをしており、本書によると、これ以後、二人の手紙は次のように親密な内容となる。

《――十三日午後手紙が来ました。河野さんと書くと、すごい遠い友達に思えてなりません。だからマコと書いていいですか。

――僕はみこを恋人以上に思っている。今の自分の妻君だと思っている。結婚しているのと同等に思っている。(むろん精神的に)だからみこを恋人と言うより愛妻として扱っている(これはあくまで僕個人として)〈亡くなる二か月前の手紙より〉》

原稿は四百通を超す手紙

大島みち子の軟骨肉腫は病状が進行し、顔の半分を切りとるという手術をうけるが病状の進行と共に、二人の友情は愛情へと深まってゆく。しかし、ミコは二十一歳の若さで死を迎える。それから数週間後、河野は四百通を越える手紙を紙袋二つにつめて出版社をめぐり、十社近くまわって、やっと青春の手帳社という名前だった大和書房と出逢う。

《「そこにでも置いといて」民家の一室を事務所に仕立てた部屋でひとり事務を執るおばさんが言った。ここで駄目なら、と河野さんは半ば諦めて入り口の隅に二つの紙袋を置いて帰った。それからひと月ほどして呼び出された河野さんが行ってみると、社長はすでに手紙のふり分けを終え、一文一文を原稿用紙に書き写していた。狙いはクリスマス。若い二人の愛の書簡集はこうして店頭に並んだのである》(『あの本にもう一度』)
それ以後の経緯は、既に紹介したとおりだが、『愛と死をみつめて』は新聞、雑誌、ラジオ、テレビ、レコード、映画などのメディアミックスによって、人々の関心を集め百六十万部の大ベストセラーとなった。『あの本にもう一度』によると、出版元の青春の手帳社はビルを建て、大和書房という社名になり、河野は大学三年生にして四千三百万円の印税を得た。税金その他を引いて残った七百万円のうち、五百万円を父の医療費や弟たちの大学進学費にあて、自分は残った二百万円のうち百二十万円で、海外旅行に行った。そして『経済界』などに勤務し、コンサルタント会社を経営するようになった。二十九歳の時、きみこという女性からの「この世の中で苦しんでいるのはあなただけではありません」という手紙がきっかけで結婚、二女が生まれ五十一歳で初孫にも恵まれた。しかし、ミコは河野の胸の中に生き続け、夢の中に出てきて「アルプスのようなきれいな草原の中にニコニコとして立ってるんです」と河野は吉原敦子に語っている。そんな河野に対して、『愛と死をみつめて』の改装版(大和出版)が出た時、娘が「パパって有名人だったんだね。テレビに出れば?」と言った。こんなエピソードを伝える『あの本をもう一度』によれば、『愛と死をみつめて』は現在も読みつがれ、中学生の国語の授業の副読本として利用している教師もいる。河野は「どうしてあんなに純粋に愛しぬけたのかは、今の僕にもわかりませんよ」と吉原に語っているが、河野はミコに会うため、大阪までの汽車賃を夜間十四時間の仕事をしたり、慶応大学医学部の死体洗いのアルバイトで稼いだのである。

また岡崎武志『ベストセラーだって面白い』（中央公論新社）によると、平成十七年に『愛と死をみつめて』が四十一年ぶりに大和書房から復刊され、初版八千部を即日で売り切り、その後、幾度も増刷した。読者は圧倒的に定年を前にした団塊世代であったが、復刊を担当した編集者の白井麻紀子（二五）は「ケータイもメールもない時代に、大阪と東京で、長ければ五日はかかる手紙のやりとりによる愛の確かめ方が逆に新鮮でした。相手のことを自分のなかで考える時間が長いんですね」と語っているが、編集部には「久しぶりに読んで泣いた、感動した」などの声が寄せられたという。

懸賞小説からのブーム

『愛と死をみつめて』に続くメディアミックス型ベストセラーとしては、昭和四十年に第十位、四十一年に三位に入った三浦綾子の『氷点』がある。もっとも、四十一年は第一位が池田大作『人間革命』2（聖教新聞社）、二位が庭野日敬『人間への復帰』（佼成出版社）と、いずれも宗教団体トップの著書だったので、四十一年の実質的な第一位は『氷点』だったと言ってもよい。

『氷点』は三十九年七月十日、朝日新聞の一千万円懸賞小説に既成作家もふくむ七百三十一編の応募作品の中から当選し、同年十二月九日から四十年十一月十四日まで三百三十八回にわたって朝日新聞に連載され、完結の翌日、単行本として刊行された。『ベストセラー物語』中での尾崎秀樹の紹介によれば、初版はかなり強気の五万部で出発したが、一週間経たないうちに増刷し、数万部ずつ追加し、四十二年二月までに三十四版、七十万部を突破した。

新聞連載中は、人気が日ごとに高まった。尾崎によると、この小説の主人公、陽子が母親と思っていた辻口夏枝が本当の母親でないことを知って以後、夏枝からいじめられ、自殺をしようとした時、けなげな陽子の姿に共感した読者から「ヨウコハシンデハナラナイ」とか「ヨウコヲシナセナイデ」という熱烈な電報まで来るようになった。

その時の様子は、当時朝日新聞学芸部長として、この小説の募集にたずさわった扇谷正造も自著で次のように書いている。

《三浦綾子さんの小説「氷点」も、十一月十四日（昭和四十年）完結した。この小説の責任者の一人として、ホッとした思いである。とくに、しり上がりに人気がでて、「ヨウコヲシナセナイデ」という電報が、作者のところや学芸部に来たりしたという話をきいて、（よかったな）と思うことしきりである。十三日の夕方、最終回の三三八回を早バンでよみ終えるとすぐ、私は旭川に電話した。綾子さんは旅行中とかでいず、ダンナさんが電話口にでた。

「おめでとう、ごくろうさまです」

「え、ありがとうございます。おかげさまで無事、書き終えることが出来まして……」

氷点

言葉が、思いなしか、しめっている。

「それにしても、うまい、うまくなったものです」

「ハイ」

「最初に比べて、二倍半、上手になられた」

「ハイ、家内にも、その旨、ようく伝えておきます」

論説委員室の土曜会のさい中で、私は、すこしアルコールがはいっていたとしても、二倍半上手になったというのは誇張でも何でもない。はじめの作品は大筋は違っていたが、これほどキメは細かいものではなかった。彼女は、もう一回、はじめっから書き直したのである……》(『新聞の上手な読み方』秋田書店)

こうした経緯があり、《マスコミは『氷点』のゆくえをしばらく見守っている様子だったが、やがてその人気の上昇を追って、積極的に動きはじめ》て、《まず大映が朝日新聞社と映画化の交渉にはいり、つづいてNETがテレビ化を企画し、ニッポン放送がラジオ化をはかり、新派が劇化のプランをねった》(『ベストセラー物語』中)という。

連載完結と同時にスタートしたニッポン放送のドラマは二・四%の聴取率をあげ、四十一年一月二十三日放送開始のNET(現テレビ朝日)のドラマは第一回放映が視聴率二二・六%で夏枝がドラマの中で着る着物が流行となり、デパートで『氷点』の着物創作展が催され、映画の旭川ロケが二月下旬に始まる。朝日新聞社は講演会やサイン会を催し、新聞の切り抜きを製本して持参した読者もいた。

そして《北海道に行ったら陽子に会えるか、という手紙を著者に寄せた女学生もあり、男子学生の読者も案外多い》と、編集部では語っていた（『週刊読書人』昭和四十一年四月四日号）。

こうした現象をとらえて、尾崎秀樹は《『氷点』は大衆文化のもつ立体化の法則にそって、急速にブームの渦にまきこまれてゆく》が、《『氷点』ブームは、マスコミがつくった虚像ではない》とも指摘している。『氷点』にはブームになる条件がそなわっており、その魅力は《宗教的な雰囲気が、日本古来の宗教的風土と癒着したかたちで、心情的に理解され、ムード化されたところにあるのではないか》と言う（『ベストセラー物語』中）。

人間の原罪というテーマの奥行き

この作品の魅力については、見田宗介が『愛と死をみつめて』について《本書は、たんに関心をひいて「読まれた」のみならず、現代の読者大衆に積極的な感動ないし共鳴を与えたとみることができる》（『ベストセラー物語』中）と指摘していることと関わらせて考えることもできるが、ベストセラーには、こうした側面もあり、多元的に考察すべきである。

そのことを考えるうえで示唆的なのは、朝日文庫版の『氷点』に収められた原田洋一の解説である。原田は、昭和三十九年七月十日付の朝日新聞朝刊で、懸賞小説の当選者として、全く無名の人だった三浦綾子の名前が発表されると、一躍脚光を浴びたと指摘し、その理由をこう書いている。

《世間の注目と話題をよんだのは、その懸賞金が当時の常識からすると、かなり思いきった高額であったこともあるが、その当選作のテーマが「人間の原罪」であると発表されたことにも、当時の人々の心に何か特別に響くものがあったように思われる。「原罪」などという言葉は、新聞の読者には聞きなれない用語であったのだろうが、小説の題名が「氷点」で、テーマが「原罪」ということを知らされて、なにかそこに自分たちの生活にとって無視できないものを人々はかんじとったのであろう。「原罪はゲンザイとよむ」というふうに当時の出版物に懇切に解説されもした。「原罪とは何か?」という、一般の関心が当選作の発表があってから連載の開始される四か月間に、かなり話題沸騰したので同年の十二月の朝刊に連載第一回が発表されると、加速度的にその話題は全国的にひろまり、連載がはじまって間もない時期に、ついに『氷点』は氷点ブームとして沸点に達してしまった感があった》

そして原田は、『氷点』は大衆文学の読者がブームの担い手となり、その要因を『氷点』の組立てが、有閑マダムの浮気と継子いじめ、主人公が自分の出生の秘密を悩みながらたどってゆくという浪曲的な大衆性に求めた人がいたが、《「氷点ブーム」の内容は、それだけであったろうか》と解説で問いかけ、こんな問題を提起している。

《江藤淳氏は、朝日新聞の文芸時評で『氷点』を評して「この作品は文壇への挑戦である」といった。それはかつて佐古純一郎氏が同じ朝日新聞紙上にて「文学はこれでよいのか」と、問題提起をした事柄と相通じる。佐古氏は現代文学のテーマの貧困と、それに起因する作品の不毛性を問題にした。『氷点』の持つテーマの重さは、現代文学の味の薄さに充たされぬ思いを持っている純文学の読者にも深い感銘を与えたのである。では『氷点』のテーマといわれる「原罪」とは何なのであろうか。それはキリスト教の特殊用語であることは大体において見当がつく。百科事典をひらいてみると「キリスト教の教理の一つで、アダムの堕罪の結果、その子孫である全人類に生まれながら負わされた罪である」と、説明されている》

原田は、このように『氷点』は大衆文学と目されながら、作品が持っている「原罪」というテーマが《純文学の読者にも深い感銘を与えた》と指摘している。

一千万円という賞金で読者の注目をあび、ラジオ、テレビ、映画によって人気を高めていった『氷点』には、こんな深い奥行きがあったのである。

4章

ベストセラー現象の新しい光景

テレビ栄えて文学衰える

『愛と死をみつめて』と『氷点』は、映画化やテレビドラマ化など、メディアミックスによる力がベストセラーに寄与したという側面は否定できないが、昭和四十年代以降、メディアミックスにおいて大きな力を発揮するようになったのはテレビである。なかでもＮＨＫテレビが三十八年から放映を始めた大河ドラマの影響は大きく、このドラマの原作になった時代小説がベストセラーになるという現象が目立ち始めた。

とは言っても、それは四十三年からのことで、三十八年の舟橋聖一『花の生涯』、三十九年の大佛次郎『赤穂浪士』、四十年の吉川英治『新書太閤記』、四十一年の村上元三『源義経』、四十二年の大佛次郎『三姉妹』などはいずれも年間ベストセラーに入っていない。ところが、四十三年の司馬遼太郎『竜馬がゆく』全五巻（文藝春秋）は、同年のベストセラー第四位に入っている。『ベストセラー物語』中での尾崎秀樹の紹介によれば、この本は各巻の初版部数が一万二千部から二万部で、四十二年二月くらいまでの総部数は三十万部であった。それが、四十三年にベストセラー入りするのは大河ドラマの原作になったからである。

それほど、テレビは大きな力を発揮したのであるが、それをまざまざと見せつけたのは四十四年に大河ドラマの原作になった海音寺潮五郎の『天と地と』全三巻で、同年の年間ベストセラーで第二位に入っている。この作品を『ベストセラー物語』下で、足立巻一が紹介しているが、足立はテレビが作家の命運を左右するほどの大きな力を持ってきたことを報告している。足立によると、『天と地と』は『週刊朝日』に昭和三十五年一月十日号から三十七年三月二十三日号にかけて連載され、三十七年五月、朝日新聞社から上下二巻本で刊行された。その年の発行部数は上下巻、重版をあわせて二万三千部だった。

しかし、四十四年一月から大河ドラマの原作として脚色放映されるようになると、朝日新聞社から三巻本の廉価版が刊行され、さらに角川文庫に入り、次のような部数になる。

〈廉価版〉上巻＝二十刷五十二万八千部、中巻＝十九刷四十九万九千部、下巻＝十九刷四十八万八千部

〈文庫版〉上巻＝五十三万部、下巻＝四十八万部

これによって『天と地と』ブームが起こるが、作者の海音寺は、このブームを喜ぶどころか、絶望感を覚えた。この年四月一日付の毎日新聞朝刊に「文学が、テレビの力を借りなければ読まれないなんて、いやなことだ。……テレビが栄えて文学がおとろえつつある」という談話を発表し、以後、ジャーナリズムでの筆を断つ。そして昭和五十二年十二月一日、脳出血と心筋梗塞《こうそく》のため七十六歳で亡くなり、唯一執筆していた『西郷隆盛』全十二巻は九巻半ばで未完に終わった。

山口百恵の文才を見抜く

テレビが栄え、文学が衰えつつあることに絶望して、ジャーナリズムでの筆を断った海音寺潮五郎が亡くなって以後、海音寺が憂えた状況は一段と強まる。その象徴とも言える本が、海音寺の亡くなった三年後の昭和五十五年九月二十日に刊行されたが、この本は初版二十万部が発売当日の午前中にすっかり売り切れ、書店の店頭から消えた。

その本とは、集英社から刊行された山口百恵の自伝『蒼《あお》い時』である。出版元は急拠増刷態勢に入り、一カ月で百七万部を印刷、総計で二百万部が売れ、この年のベストセラー第一位となった。この本が、テレビの栄華を象徴する本となったのは、山口百恵が「スター誕生」というテレビのスカウト番組で勝ち抜くことによってスター歌手になるという経歴を持っていたからである。

その山口百恵が、結婚のため引退するということで刊行されたのがこの本だが、本書は残間里江子というフリーの女性プロデューサーがコーディネートすることによって刊行が実現した。そして、従来のタレント本のように、ゴーストライターが執筆するのではなく、山口百恵自身が筆を執り、自分が非嫡出子であったことも告白しているが、残間はこの本を文芸書の形態をとった本にしたいと考えた。そのため、本書はハードカバーの装幀を見ると、『蒼い時』という題名の小説のような感じを与えるが、残間がこの本をプロデュースすることになった経緯は、彼女の自伝的エッセイである『雨天決行　恋するように仕事をしたい』（三笠書房）で詳細に伝えられている。

それによると、残間が山口と初めて会ったのは、昭和五十四年のことで、「銀巴里」などで歌っていたシャンソン歌手の金子由香利に魅《ひ》かれ、彼女をもっとメジャーにしたいと思った残間が、金子由香利ファンの推薦コメントを集めている時、山口百恵も金子ファンであることを知り、山口にも推薦コメントをもらおうと思って会ったのが最初であった。山口は推薦に応じてくれることになり、コメントを口頭でなく紙きれに文章で書いてくれた。推薦文を見て、残間は山口が文章を書ける人間であることを見抜く。しかし、その後も残間は雑誌の取材で山口と会う機会がありながら、山口との距離感はなかなか埋まらなかった。

その関係が一挙に縮まるのは、五十五年三月七日、山口がテレビで婚約発表記者会見をしているのを見た残間が、市販のカードにお祝いの言葉を添えて山口に出してからである。

その時のことを、残間は『雨天決行』の中で書いている。

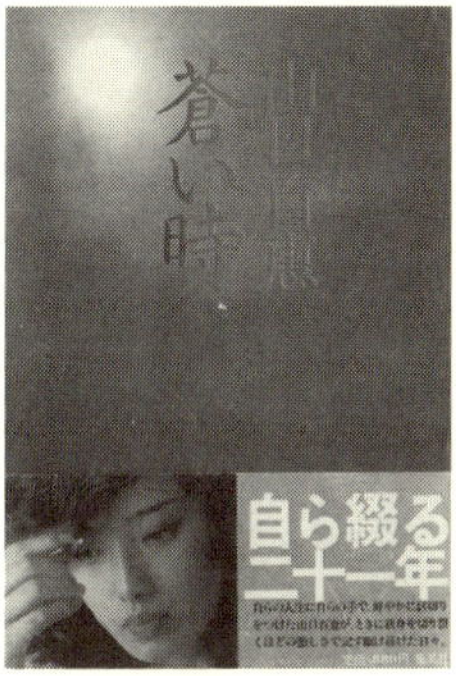

蒼い時

《生まれて初めて私の目の前にやって来たラッキーチャンスは、たった一通の手紙が発端だった。この春は、あなたにとって素晴らしい季節になりそうですね。新しい出発、心からお慶び申し上げます。私のほうも、この春は小さな出版関係の制作会社を作って、新しい一歩を踏み出すつもりです。あなたがこのまま、お仕事を続けていらしたら、あなたの御本などを作ってみたかったけれど。お幸せ、お祈りしております――。

はっきりとは覚えていないのだが、市販のグリーティングカードの片隅に、たしかこんな言葉を書き添えたような気がする。何にしても、あなたは引退を決めているわけだから、すべては終わったことで、今さら決してありえない話だけれども、もしそうなっていたら楽しかったですねという、先行きに全く期待をしていない、祝福の言葉に添えた私の近況報告だった。婚約記者会見の感想を混じえながら書いたお祝いカード、それがすべての始まりだった。投函して数日後、和紙の封書が届いた。

差出し人の名前を見て、私は我が目を疑った。差出し人、山口百恵　きちんとした文字だった。返事を貰ったことも意外だったが、それよりも内容に対しての驚きのほうが、もっと大きかった。

書いてみないか、と初めて言われ

山口百恵から来た和紙の封書には、こう書かれていた。

《――お便りありがとうございました。

写楽のお仕事、本当に久しぶりに楽しいお仕事をさせて頂けて、嬉しく思っています。あの時、泉谷氏のお宅へうかがった時、泉谷さんが「結婚したからといって、貴女は仕事を辞めるべきではない」と言って下さった言葉に、私は、そうですね……としか言えなくて、それが今になって、思い悔やまれてなりません。自分自身、あの時に気持ちをハッキリ言えなかったのは、多分、何かに対する怖さがあったからなのでしょう。恥ずかしい話です。泉谷さんにも申し訳なくて……。ところで、残間さんのお便りの中にあった本を……というお話なんですが、考えてはいたんです。でも本を出すときは自分の手で、という考えがあったものですから、これからの短い時間で……という部分で少々無理があるかな？　とも思いはじめていた時に残間さんからのお手紙……考えさせて下さい。どういう形になるかわかりませんが気持ちが決まり次第、あらためて御連絡させていただきます。本当にありがとうございました。近いうちに一度、お茶でも飲みながら、ゆっくりお話したいですね。私の方も、四月五月は、まだ落ち着いていられると思いますし。とり急ぎ御返事まで。

かしこ
山口百恵》

この手紙をもらった時の気持を残間は《予想もしない反応に、私はただただ驚いていた》と書いているが、この経緯については、残間の友人である筑紫哲也も稲葉三千男との『広告批評』（昭和五十年十一月号）での対談でこう語っている。

《……『蒼い時』以前に彼女に自伝を書かないかというオファーは40社くらいあったそうです。しかも、みんなゴーストライターをつけるから、ということでね。ところが、たまたま僕の友人が、自分のいままで生きてきたことを自分自身でキチンと書かないか、という話を持っていったら、そう言われたのが初めてだったらしいんですが、彼女の心が急に動いた》

残間はその頃、出版物のコーディネーションや、ディレクションを主業務とする「キャンディッド・カンパニー」という会社を発足させることになっていたので、山口百恵の著書のプロデュースは、この会社の仕事として行うことになった。手紙が来て三日後、残間は六本木のレストランで、夜の十一時、山口に会う。それ以後の経緯は、残間が『週刊明星』で昭和五十五年九月二十一日号から三回にわたって連載した「山口百恵自叙伝『蒼い時』の全貌」の引用によって再現する。

それによると残間は、

《単刀直入、「書いてみるつもりはないか」と切り出した。彼女は一瞬驚いたようだったが、それでも頷き返して、「今までにも、本を出さないかという話は沢山ありました。でもそのほとんどが、喋ってくれるだけでいいというものでした。私なんかに文章など書けるはずがないという、決めつけた言い方にも腹がたって、全部断ってきました。書いてみないか、と言われたのはこれが初めてです。私も書くことには興味があるし、本にできるほどものが書けるかどうかは分らないですけれど……でも、やってみたい気がします」。この時、私は「書いてみないか」とは言ったが「本にしよう」とは言わなかった。本を著すという作業は、決してなまやさしいことではない。それを彼女には分ってほしかった。「本に値するものが書けたら出版する。もし書けなかったら、個人の記録として、そのまま思い出の中にとじ込めてしまいましょう。とにかく、どれだけ書けるか、まず書いてみるところから始めましょう」とだけ約束した。「何枚でもいいから書いてみて。少しまとまったら連絡してほしい」この一言が、事実上のゴーサインだった》

嘘は書かないでほしい

それから一週間後、山口から少し書けたので見てほしい、という電話が来た。

《初めて長い文章を書いたにしては、なかなかのものであった》というのが、残間の感想であるが、最初の原稿を読んだ時、残間は山口に注文をつけた。

「嘘は書かないでほしい。『本当はAだけどBと書いてもいいか』という相談には乗れません。あなたがあなたの内面で事実をどう塗りかえようと、それはあなたの自由だし、そこまで立ち入るつもりもないけれど事実を曲げたり、きれいごとで飾って核心を避けることだけはやめてほしい」

それに対して、唇をキュッと結びながら、山口も言葉を返してきた。

「私は、今が自分の人生のひとつの節目だと思っています。しかも、それは自分で決めた節目です。その節目の時に書こうとしているのですから、覚悟は決めています。書くという作業で、自分の中の何かが解剖されて、見たくない自分に出会うかもしれません。でもそれは、今の私に必要なことだと思うんです。辛くても、あえてやらなければならないことだという気がするんです。正直のところ、引退を宣言してからも心の整理は十分ではないんです。この世界に、未練がまったくないといったら嘘です。今までの私がずっとそうだったように……、言ってしまったからには、そのとおり成し遂げようという、信念のようなものに支えられているだけです。最後の日、心の中の一切のわだかまりを捨てて、みんなに心からさよならが言えるよう、8年間の出来事を自分の中で確認しながら書いてみたいのです。それと……」

山口は、一瞬、間をおいて、こう言った。

「自分の子供に、できれば娘に、その本を読ませてあげたい。母が私に、自分の生き方を通して教えてくれた女の人生というものを、私は自分の手で書いた一冊の本で娘に知らせてあげたい。21年間の私を、逃げもかくれもせず、ありのまま表現してみたいのです」》

この言葉を契機に、山口は私製の原稿用紙を百冊も注文し、何冊かを持ち歩いて原稿を書きすすめていった。残間は、内容について、「父親との軋轢」「山口百恵にとっての性」は避けて通ってはいけないテーマだと山口に言った。そのためには、二人っきりで「性」について話しあう機会も持った。いくつかの候補を調べて、出版社を集英社に決めたのは山口であったが、出版社に話を持ってゆくとき、条件として残間は製作の全工程に山口を参加させることにした。体裁は四六判ハードカバー装で、装幀には山口の希望で文芸書の装幀が多い菊地信義に依頼した。菊地は山口に会って執筆の動機を聞き、原稿を見て快諾した。原稿は全体で三百五十二枚。執筆に四カ月かかったが、内容について婚約者の三浦友和は何も注文をつけなかった。最後の段階ではヒルトンホテルに二日間カンヅメにして、原稿を完成したが、残間は完成後の様子をこう書いている。

《ヒルトンからの帰り道、ふたりで車に乗っていた。深夜と早朝のはざま、空は明るくなりかけていた。窓の外を見つめていた彼女が声を上げた。「ホラ、この空の色。この一瞬の蒼……。今の私にふさわしい色だと思いませんか」》

『蒼い時』という題名は、この時の山口の言葉に由来するのであろうが、この自伝の第一章「出生」は、こんな書き出しであった。

《私には、父はいない。一つの肉体としてあの人が地球上に存在していたとしても、私はあの人の存在そのものを否定する。

あの人は、毎日夜になれば帰って来るという人ではなかった。帰って来るというよりは、やって来るといったほうがふさわしい人だった。

「ねェ、今日、お父さん来るの？」

母にそう尋ねている私が時々、ふっと蘇る。

あの人は、いつも黒い大きな鞄を持ってやって来た。幼い記憶の淵に、鞄の中からグリーンのディズニーの絵が描かれた皿をとり出し、笑顔で私に差し出したあの人の顔が浮かび上がってくる。機械的に、商談を済ませるかのように黒い鞄を抱えて家を訪れ、滞在する人――》

山口百恵は残間の要請に対して、見事に応えたのである。

窓ぎわのトットちゃん

タレント本を脱した〝トットちゃん〟

テレビのスカウト番組が生み出したスター歌手である山口百恵

の自伝『蒼い時』が二百万部売れた昭和五十五年の翌年、それを上まわる超大ベストセラーが現われた。黒柳徹子の『窓ぎわのトットちゃん』（講談社）であるが、著者の黒柳もテレビでの大きな存在である。『窓ぎわのトットちゃん』は、『蒼い時』と同じくゴーストライターではなく黒柳自身が執筆している。この本は五十六年の年間ベストセラー第一位になるとともに、敗戦直後に三百六十万部が売れた『日米會話手帳』の記録を破った。そして、編集にあたったのは、『蒼い時』と同じく女性であった。

その女性編集者は、本書の刊行当時、講談社の学芸図書第二出版部に所属していた岩本敬子である。彼女は校閲部を経て、『婦人倶楽部』の編集、文芸ものの出版、絵本の出版を経て、学芸図書第二出版部に移ったが、ノンフィクションものを担当するようになって、企画力のなさを痛感し、一時は会社を辞めようと思ったことがある。〝落ちこぼれ編集者〟だったのだが、そのことが『窓ぎわのトットちゃん』の編集には役立った。というのは、この本は、子供の頃、トモエ学園という個性的な教育を行う学校でトットちゃんと呼ばれ、落ちこぼれの生徒であった黒柳が、小林宗作という先生から「きみは、ほんとうはいい子なんだよ！」と言われたのが自信となって成長したことを告白しているからだ。

黒柳は、小林先生にほめられた時の気持をこう書いている。

《校長先生は、トットちゃんを見かけると、いつも、いった。

「君は、本当は、いい子なんだよ！」

そのたびにトットちゃんは、ニッコリして、とびはねながら答えた。

「そうです、私は、いい子です！」

そして、自分でもいい子だと思っていた。

たしかにトットちゃんは、いい子のところもたくさんあった。みんなに親切だったし、特に肉体的なハンディキャップがあるために、よその学校の子にいじめられたりする友達のためには、他の学校の生徒に、むしゃぶりついていって、自分が泣かされても、そういう子の力になろうとしたし、怪我をした動物を見つけると、必死で看病もした。でも同時に、珍しいものや、興味のある事を見つけたときには、その自分の好奇心を満たすために、先生たちが、びっくりするような事件を、いくつも起こしていた。

例えば、朝礼で行進をするときに、頭の毛を二本のおさげにして、それぞれの尻っぽを、後ろから、両方の、わきの下から出し、腕で、はさんで、見せびらかして歩いてみたり。お掃除の当番のとき、電車の教室の床のフタを上げて……それはモーターの点検用の上げブタだったんだけど、それを目ざとく見つけて持ち上げて……、ゴミを捨てて、いざ閉めようとしたら、もう閉まらないので、大さわぎになったり。また、ある日は、誰かから、牛肉は大きな肉の固まりが、鈎からぶら下がってると聞くと、朝から一番たかい鉄棒に片手だけで、ぶら下がって、いつまでも、そのままでいる。女の先生が「どうしたの？」と聞くと、「私は今日、牛肉！」と叫び、とたんに落ちて、「ウッ！」といったまま、一日中、声が出なくなったり》

『窓ぎわのトットちゃん』については、五十七年に塩澤実信・植田康夫共編で『「トットちゃん」ベストセラー物語』（理想出版社）という本が出ている。本書によると、三十七年に黒柳が『婦人公論』にトモエ学園のことを書いた短い随筆を講談社の加藤勝久（後に取締役）が読み、単行本として書いてみないかとすすめたのが発端となった。黒柳はいきなりの書き下ろしは忙しくて無理なので、講談社の『若い女性』に二年間（昭和五十四年二月―五十五年十二月）連載した。本になる段階で岩本が編集を担当することになった。

岩本は黒柳の書いたものに「タレントの本という域を脱していて、普遍的な内容のものであり、女性の感性にダイレクトに訴えかけるもの」を感じ、ロングセラーで百万部を目標にした。そのため、装本や写植文字の選択、挿絵に気を使い、上質紙を用いて〝いい本〟を作ることに徹し、表紙の装画や本文中の挿絵には、いわさきちひろの絵を用いた。初版二万部で五十六年三月十三日に発売されたが、同年内に四百万部に達し、それ以後もロングセラーとなり、この本は四年連続好ましい放送タレントに選ばれた著者による教育論としても読まれ、口コミで広がっていった。書店では十冊ずつタテヨコ高さで積み重ね、計一千冊を店頭に展示する百面展示なども行われた。

テレビ、ラジオのパブリシティが効果

この本が売れた経緯について、『「トットちゃん」ベストセラー物語』では、講談社書籍第一販売局

学芸図書出版部の工藤義之が初版二万部でスタートした『窓ぎわのトットちゃん』は、奥付に三月五日発行とあるが正式搬入は三月十日であったと語っている。
《実は、この企画は、大変遅れまして、その前の年（一九八〇年）のクリスマスに出す予定で進行していたのですが、遅れまして、三月にのびたような次第です。その前に、TBSザ・ベストテンで、黒柳さんが本が出ますとちらっとおっしゃったり、彼女自身が、やっていらっしゃるワンマンショウで近々、本になりますというようなことをお話になっていた――。このような事情が前段にありまして、読者の方たちの注文や問い合わせが、書店さんや版元にあったわけです。編集の岩本の方での本文の編集作業は、相当に進んでおりまして、一月末発行にこぎつけるということだったのですが……。一月の段階で、二月に出せるということになり、最後に残された黒柳さんのあとがきが、彼女の猛烈な多忙のため、最終的に発売が三月にのびてしまったということです》
工藤によると、初版二万部は大英断であったというが、発売が予定より遅くなったのに、書店からの注文短冊は特に多くはなく、普通の新刊のスタートであった。そして、第二刷二万部が発売されたのは三月二十五日であったが、この決定は初版発売前の三月七日頃に行われた。だから、実質的には四万部でスタートしたということになる。パブリシティについては、工藤はこう語っている。
《二月の末に、テレビ朝日で、三十分程黒柳さんが、朗読を交えて、紹介されたのです。夕方の六時、ニュース番組の合い間に、この本の紹介をやったのです。このときの感触で、初版二万部だけでは足りないのではないかということになりました》

そしてさらに、工藤は語っている。

《ここまで伸びたのも、テレビを中心としたマスコミとの連動です。このような、いわゆるパブリシティは、正規の広告宣伝費に換算すれば、二十億円ぐらいに相当します。相当な影響があったと思われます》

このようなパブリシティの影響が現われはじめたのは、六月頃からで、初版発売後、第十三週目位から、販売部の五台の電話が鳴りっ放しという状態になる。首都圏では、それよりも早く、五月の連休あたりから売れはじめていたが、そのきっかけを作ったのはラジオであった。TBSラジオの「土曜ワイド」で久米宏が四月二十五日、午後一時から三時まで「学校ってなんですか」という特集のメインに「トットちゃん」をとりあげた。

書店の入り口を変えた本

放送の終わった四時頃から売れはじめたが、この本は書店の入り口風景を変えた「歴史的な本」であるという証言もある。東京・池袋の西武ブックセンター「リブロ」においては、こんなドラマが展開された。

《皆さんは書店の入り口でワゴンなどに一点の本を何面にも積む風景をよく見かけるだろう、あれを当時は「トットちゃん積み」と称した。あまりの売れ行きの良さに補充が追いつかずとにかく何面にも積んでみたら、前にもまして売れた、売れたのでもっと面数を増やす、もっと売れた、という書店にとって棚からぼたもち方式の画期的な本だった。以後ベストセラーになりそうな本や、実際にベストセラーになった本を書店はこの方式で売るようになる。顧客もこんなふうに積んである本はきっと売れている本に違いない、と了解し、「みんなが読んでいる本が読みたい」読者は手を伸ばす。

「あの積み方を最初にしたのは、オレさ」

中村（文孝）はいささか得意げに話す。

「講談社に電話注文した時、実績、実績って言うけれど、まともに入荷もしなくて何が実績だ、って喧嘩を売ったら、そんなに売る自信があるなら好きなだけ入れてやろうじゃないか、相手も買い言葉で、火花が散ったね、確か五百冊注文した。本当に注文通りに入ってきちゃって、ストック場所がない、それであんな風に積んだら、売れること、売れること、講談社の営業マンが様子を見に来て、これはいい、っていう次第でどんどん広がったのさ」《（田口久美子『書店風雲録』ちくま文庫）

その結果、辻村明の『大衆現象を解く』（講談社現代新書）によれば、昭和五十六年三月から五十七年七月まで、一カ月だけを除き、『窓ぎわのトットちゃん』は毎月のように増刷され、五十七年七月には総計部数が五百十五万部に達した。戦後のベストセラーで、最も売れたのは『日米會話手帳』で、その部数は三百六十万部であったが、辻村明によると、『窓ぎわのトットちゃん』は五十六年十一月に三百八十万部に達している。初版発売後八カ月で、『トットちゃんは』戦後ベストセラーの記録を破ったのであるが、辻村によると、五十六年三月から五十七年七月にかけての本書の月間製作部数は次の通りであった。

五十六年　三月＝四万部
四月＝二十三万部
五月＝三十万部
六月＝百三万部
七月＝六十万部
八月＝七十万部
九月＝二十万部
十月＝四十万部
十一月＝三十万部
十二月＝五十万部
五十七年　一月＝二十五万部
二月＝増刷なし
三月＝五万部
四月＝五万部
五月＝五万部

六月＝十五万部
七月＝三十万部

こうした推移をふまえて、工藤義之は、

《全体的に首都圏が騒ぎ出してクチコミで拡がっていった——。首都圏が火付け役になって、割ときれいなかたちで全国に拡がっていったというのが、長期にわたるベストセラー第一位の実情です》と語っている（『「トットちゃん」ベストセラー物語』）

家庭のもろさを生々しく描く

昭和五十六年に『窓ぎわのトットちゃん』がベストセラー第一位になって以後、テレビの人気者の著書がベストセラー第一位になるということが四年も続いた。五十七年の江本孟紀『プロ野球を10倍楽しく見る方法』（ＫＫベストセラーズ）、五十八年の鈴木健二『気くばりのすすめ』（講談社）、五十九年の板東英二『プロ野球知らなきゃ損する』（青春出版社）などだが、これらの本の著者は、いずれもテレビでおなじみの人である。

江本と板東は野球解説者、鈴木はＮＨＫの人気アナウンサーであったが、江本の本が第一位に入った五十七年は、ベストテンのうち、九点がテレビがらみで売れた本であった。一位の江本の本に次いで、森村誠一『悪魔の飽食』(光文社)、『窓ぎわのトットちゃん』『気くばりのすすめ』、神津カンナ『親離れするとき読む本』(青春出版社)、江本孟紀『プロ野球を20倍楽しく見る方法』(ＫＫベストセラーズ)、森村誠一『続・悪魔の飽食』、穂積隆信『積木くずし』(桐原書店)、矢追純一『人類は地球人だけではなかった』(青春出版社)などだが、このうち、黒柳、鈴木、神津、矢追らは、テレビとかかわりが深い。

しかし、森村、穂積はテレビでの人気者とは言えない。そんな著者の本がなぜテレビがらみで売れたかというと、森村の本は中国で日本の７３１部隊が犯した人体実験を告発したもので、それが深夜のテレビ番組で紹介されることによって一種のホラー本として知られるようになったからである。

穂積の本は大阪のワイドショーに穂積夫妻が出演し、著書で書いた非行の娘との戦いについて語ったことが視聴者の関心をよび、初刷二万部があっという間になくなり、五十七年中に百万部を突破、五十八年五月初めに二百八十万部となった(林邦夫『当世出版事情』草思社)。そして、五十八年には年間ベストセラー第一位の『気くばりのすすめ』に次いで『積木くずし』が二位となった。

『当世出版事情』によれば、『積木くずし』は、最初、『ラリパッパ天使』という題名に決っていた。穂積夫妻の娘がシンナー遊びをしているということでつけられた題名であるが、昭和五十七年七月二十五日、夫妻が長崎を訪れた時見た光景が、この題名の変更を促した。

夫妻が長崎を訪れたのは、美千子夫人の実家が長崎にあり、大水害に襲われて、一時、消息がつかめない状態になったからである。美千子夫人の実家は半壊状態となっており、沢山の家が積木細工のようにつぶれていた。

それを見て、夫妻は「私たちの家庭もあのようにもろかったのだ」と思い、『ラリパッパ天使』という題名は『積木くずし』に変えられた。

それから二カ月後、『積木くずし　親と子の二百日戦争』という題名で刊行されたこの本は、シンナーを吸い、家出をし、親に乱暴をする一人娘の非行と親がどう戦い、家庭の崩壊から立ち直るまでを書いたものだが、編集にあたった桐原書店の一般書担当の小野政武第二編集部長は、原稿を読んだ時、従来の非行を扱った本に比べると、「親と子の生き方」が書かれていると思った。

最初は、子供を持つ母親をとらえたが、売行きを促進したのはテレビだった。まず、ワイドショー、そしてドラマが拍車をかけた。『当世出版事情』がこう伝えている。

《『積木くずし』が発売された直後、まだ全国の書店に十分に出回っていない五十七年九月二十五日朝、穂積と美千子は朝日放送（大阪）の「土曜の朝に」という番組に出演した。ここで夫妻は本の内容、書いた動機、娘の現在のようすなどを話した。放送中から問い合わせの電話が殺到し、二人で手分けして電話に応対したが、とうとう朝九時から夕方までテレビ局を一歩も動くことができなかった。

収拾がつかないので、翌週もう一度「土曜の朝に」にひっぱり出された。このときまでに五万通ものハガキが朝日放送に届いていた。「よく悩みを話してくれた」というものが多かった。書店では、「本がない」「手に入らない」の声がうずまいた。

小野第二編集部長は「初刷りは二万部だったんです。そんなものはアッという間になくなって。あとは一日に一万部ずつ増し刷りという日がつづきました。それでも追いつかないんです。初め売行き予想を聞かれて二万部、うまく行けば百万部と答えてみんなに笑われてしまったのですが……。その数字もとっくにオーバーして」。読者カードをのぞくと三十代、四十代の主婦が圧倒的だ。「同じ世代の子どもがいるので……。感動しました。考えさせられました」といった内容が多い。口コミがきいているらしく購入動機は「知人から聞いて」が目立った》

そして、テレビドラマが果たした役割についても『当世出版事情』はふれている。

《テレビドラマでは穂積夫妻を前田吟と小川真由美が、娘の由香里を高部知子が演じた。ドラマがまた好評だった。五十八年二月十五日の第一回の視聴率が二四％。第二回以後も毎回視聴率が高まり、最終回の三月二十九日は四五・三％で、ドラマ番組としては過去十年の最高の視聴率だった（ビデオ・リサーチ調べ）。このころから桐原書店には中学生や小学生からの読書カードがふえはじめた。「よく親に反抗したり、自分のことだけ考えていたが、親の苦しみもわかりました」「はじめて本を読みました」——彼女らの愛読書はほとんどが少女漫画だった》

教育のテーマが主婦をとらえる

このように『当世出版事情』は、『積木くずし』がテレビの力によって売れた事情を明かし、さらに、この本がなぜ書かれたかという問題についても考察している。

《世間的にいえば、みじめな恥ずかしい話である。だめな父親と非行に走った娘の話――『積木くずし』は本来ならそっと隠しておきたい世界だ。それをこともあろうに公表する。未成年の娘の名前まで出してである。このことをいぶかしく思う人もあるはずだ。その答えは本の末尾の一節にある。

穂積はこう書く。「しかし、私は語りたかった。駄目な父親が、竹江さんという素晴らしい指導者に巡り会えて、五十歳近くにして初めて教わったかずかずのことと、その父親が子どもと悪戦苦闘した記録を、同じ悩みを持つ親と子に、何とか知ってもらいたいと思った……」

竹江さんとは、警視庁少年第一課少年相談室心理鑑別技師の竹江孝のことである。娘の家出、登校拒否、転校、指導、シンナー……途方にくれた穂積夫妻の訴えに対する竹江の方針は通常の方針とまったく逆だ。「子どもと話し合いをしてはいけない。親の方から絶対に話しかけてはいけない。子供の方から話しかけてきたら、愛情を持って相づちだけを打つ。意見を言ってはいけない」など五項目――その日から文字通り血みどろの親と子の二百日にわたる戦争が始まる。美千子はその嵐のなかで日記を書きつづけた。それが記録のもとになった》

『積木くずし』がベストセラーになることによって、穂積に講演の依頼が殺到し、テレビで由香里を演じた高部知子がベッドで喫煙している写真が明るみに出てテレビや映画から降ろされ、写真を撮った男友達は自殺する。立ち直りかけていた由香里はトルエン所持でまた崩れかける。それでも、本は売れ続け、『積木くずし』出版後の反響や由香里のその後について書いた美千子の『愛を積む』（桐原書店）も二十五万部に達した。『当世出版事情』は、『積木くずし』が読まれたのは、『窓ぎわのトットちゃん』と似た事情があったと指摘している。

《『積木くずし』がなぜこんなに読まれたのか――だれもが思い出すのは『窓ぎわのトットちゃん』だろう。

黒柳徹子というバッグンの人気タレントが書いたこの本は、五十六年、五十七年にかけての大ベストセラーとなり、主婦層を中心に、女性読者に大受けに受けた。「著者の知名度やテレビと結びついた大衆性が影響しているが……とくに『トットちゃん』の場合、子供の教育論として、大人のメルヘンとして幅広い読者をつかんでいった」（『毎日新聞』五十六年十二月七日付）と書かれるようにノンフイクション、メルヘンタッチ、自叙伝という多様な側面がそれぞれに読者を引き出し、大部数にした。

『積木くずし』もこれに似ている。教育ものであること、なまなましい体験にもとづいていることなどが〝教育〟への関心を高めている主婦層をまずとらえた。そこから大学生、中学生など低年齢層へ下がっていっている点でもそっくりだ。偶然だろうが、どちらも初版部数は二万部。最初から大ベストセラーなど、どの出版社でも考えていなかったことだけはたしかである。

現代の課題に熱っぽくかかわったテーマである『積木くずし』――それはさらに広がりをみせる。五十九年二月の第二十九回読書感想文全国コンクール表彰式で、この本を読んで立ち直った登校拒否児の体験が全国学校図書館協議会長賞を受賞、多くの人に感銘を与えた。そしてその一カ月あまり前、大みそかの「NHK紅白歌合戦」では、穂積一家の友人である島倉千代子は「待つことが　あなたへの愛の証……」と「積木くずし」をせつせつと歌った。この歌の作詞者も穂積だった》

明るい死に方講座

こうしたベストセラーをテレビが作るテレセラー現象はその後も続き、平成九年には、浜田幸一『日本をダメにした九人の政治家』（講談社）、永六輔『大往生』（岩波書店）が一位、二位を占めるが、前者は政治家でありながらテレビで人気のある著者の本である。また後者は、永がTBSテレビの「NEWS23」に平成三年五月七日に出演し、筑紫哲也を相手に「明るい死に方講座」について語っているのを岩波書店編集部新書課長の坂巻克己が見て企画したものである。その講座が『筑紫対論』（朝日ソノラマ）という本に収められており、筑紫の質問に答える形で、こんな具合に永の語りが始まっている。

《筑紫　高齢化社会になると、死に方というものが本当に難しくなりますね。

永　ですから死に方考えなきゃ駄目です。どういうふうに死にたいか、というイメージがないとね、無様になりますから。ぜひ今日はそれをおすすめしたいですね。

筑紫　では「明るい死に方講座」ということで今日はやりましょう（笑）。

永　私は寺生まれ、寺育ちで、その上十七代目ですから相当古く、どう遡っても寺なんですね。物心つく時から法事のなかで育ってきてますから、死というのがとても身近にありました。それだけに死に方っていうのはきちんと具体的に考えといた方がいいと思うようになりました。自分がどうやって息を引きとるか、ということをきちんとしておいた方が得なんです。

そのためには、普段から自分はどう死にたいかということを周囲に言っといた方がいいんですね。小沢昭一さんとか僕らの仲間でね、つまりこいつはどうやって死ぬか、というのをよく話し合うんですよ。それはやっぱりみんな年だっていうのもあるんだけれども、例えば死に方のお見立てというのを皆でやります。

僕はね、旅先の中毒死（笑）。よく旅をしてるし、よく食いますからね。小沢さんはだれが考えたって腹上死なんです。問題は腹上死っていうのは死に方としてはとても素敵なんだけれども、家でそんな死に方をするのは腹上死っていうのかなあと、小沢さんも自信はなさそうでした。やっぱり腹上死っていうのは自宅以外でよその方とでないと……。そこんところ、彼は悩んでました（笑）。

柳家小三治さんはしょっちゅうオーディオをいじくってますから、これは感電死というふうに。それから桂米朝さんはなぜか隣家のもらい火で焼け死にとかね（笑）。みんなそれぞれその人にふさわしい死に方っていうのを、遊んで考える。で、やっぱり大事なのは死ぬことを笑いながらしゃべることで、その方が覚悟がつきます》

この番組を見た坂巻は、その時は永の話を企画に生かすことは考えなかったが、翌日かつての新書編集部の同僚から永に電話をするようにすすめられ、死についての本を出すことを考える。

巷の人々の言葉を拾う

坂巻は永に手紙を書いたが、最初はことわられた。しかし、さらに依頼をつづけると、講演やシンポジウムで死について語ったものが記録になっているので、読んでほしいという返事があった。そこで新書編集部の井上一夫の担当で編集が進められた。

それ以後の経緯については、筆者の著書である『売れる本100のヒント』（メディアパル）に書いているので引用しておく。

《その過程で、永氏が雑誌「話の特集」に連載している「無名人語録」の中から死に関する言葉を選んで収録したらという案がでた。「無名人語録」というのは、全国を旅している永氏が、いろいろなところで出会った無名の庶民の言葉を記録したもので、既に講談社で単行本になっている。

大往生

その「無名人語録」の中から、至言の数々が、『大往生』には「老い」「病」「死」などの章に収められているが、語録だけでなく、永氏自身のコメントもそえられている。

その語録で、「死」に関するものには、「別れる淋しさ、生きてきた虚しさ。／それに耐えれば、おだやかに死ねます」といった言葉もあるが、こうした言葉をたくみに構成しているので、本書は実に読みやすい。これらの章以外に、「仲間」「父」といった章もあるが、これらの章は、永氏の原稿や座談会、対談などが収められ、巻末には「弔辞——私自身のために」も掲載されている。

こんな内容の『大往生』という本は、最初、坂巻氏が考えた題名は「死について語ろう」だったが、永氏が『大往生』を主張、これに決まった。初版は三万六千部で出発したが、発売前に五千部を増刷した。それでも、まさか年内に一〇〇万部を突破する売行きになるとは思わなかった》

これまで、岩波新書といえば、ベストセラーというよりロングセラーを重視しており、この双書で一番部数が出ている清水幾太郎《いくたろう》の『論文の書き方』が百三十五万部に達するのに、三十五年間もかかっているが、『大往生』は発行した年に百四十万部を突破した。これは、永が自分の持っているラジオ番組で紹介し、岩波新書を読んだことのない読者を開拓したためだが、それとともに、本書が類書にない特色をもっていたからである。そのことを、永は次のように〈まえがき〉に書いている。

《この本は、亡き父、永中順に捧げる。

父は死に、僕も死ぬ。この本を読んで下さる、あなたも死ぬ。

医者も坊主も哲学者も、みんな死ぬ。

死なないわけにはいかない。

高齢化社会と言われるようになって、「老い」「病い」「死」をテーマにした出版、放送があいつぎ、本にいたっては、その専門店ができるほど大量に送りだされている。

そのどれもと違う本にするのが、父の遺志を伝えることだ。

「むずかしいことをやさしく
やさしいことをおもく
おもいことをおもしろく」
これは井上ひさしさんの言葉だが、父がよく言っていた「俗談平話」と重なる。
「生が終わって死が始まるのではない
生が終われば死もまた終わってしまうのだ」
これは寺山修司さん。
この本では、こうした著名人の言葉は引用を控え、父の大好きだった巷に生きる人たちの言葉を軸にした。そこが他の本と違うところである》

五体不満足

テレビ出演者を見て企画

『大往生』は、編集者がテレビ番組を見て、その番組に出演している人物の言行に関心を抱いて企画したものだが、同じような形で企画されたテレセラーはまだある。平成十年刊行の乙武洋匡《おとたけひろただ》『五体不満足』と十二年刊行の大平光代『だから、あなたも生きぬいて』（ともに講談社）である。

　このうち、前者は平成十年十月に刊行されたが、きっかけとなったのは、講談社学芸図書第二出版部次長（当時）の小沢一郎が平成九年の夏、ＮＨＫテレビの「青春探検」という番組を見たことである。その番組では、先天性四肢切断という障害を抱えながら明るく生きる乙武洋匡という青年が紹介されていたが、小沢はこの人には一冊の本を書けるだけの体験があると思った。

　執筆を依頼し、執筆が開始されて半年後の平成十年九月、ワープロで書かれた原稿が完成し、子供にも読ませたいという著者の注文で小学四年生以上で習う漢字にはルビをつけ、表紙には電動車椅子に乗った著者の写真を用いるという本造りが行われた。書名は著者がつけ「障害は不便です、だけど不幸ではありません」という帯をつけた。初版は六千部であったが、著者が全国各地で講演をしているせいもあり、すぐに売り切れて増刷となり、刊行後四カ月で百七十五万部を突破した。

　後者の『だから、あなたも生きぬいて』は、講談社児童図書第二出版部の編集部員が関西のよみうりテレビ制作の「報道劇場21」というドキュメンタリー番組のビデオを見たことが企画のきっかけとなった。

　そのドキュメンタリーは中学二年生の時、いじめを苦にして自殺を図り、非行に走って十六歳で極道の妻となり、養父の導きで立ち直って猛勉強をして二十九歳で司法試験に合格し、少年犯罪を担当する弁護士となった大平光代という女性のことを紹介していた。そのビデオを編集部員と共に見た阿部英雄部長と阿部薫部次長（共に当時）は、大平に体験を執筆してもらうことにしたが、児童局の刊行なので、小・中学生から読める本にすることにした。平成十二年二月に初版二万部が刊行されたが、初版は一週間で売り切れ、四月には百二万部に達するという急ピッチの売れ行きを示したのである。

映像・本・音楽のメディアミックス

メディアミックスによるベストセラーは、テレビが大きな力を発揮するようになり、テレセラーという言葉まで生まれたが、映画の力を使った「シネセラー」と形容したくなるベストセラーもある。「シネ」とはもちろん、シネマの略である。海音寺潮五郎の『天と地と』がNHK大河ドラマの原作となって大ベストセラーとなった年から二年後の昭和四十六年、角川書店から刊行されて年間ベストセラー第八位となったエリック・シーガル『ラブ・ストーリィ』は、アメリカで映画化されて大ヒットし、フランシス・レイの映画音楽がアカデミー賞をとり、サントラ盤としてこれまでのすべての記録を破る売れ行きを示した。

ラブ・ストーリィ

この作品に注目したのは、角川書店に四十年に入社した角川春樹だった。同社は角川春樹の父親で国文学者の角川源義が昭和二十年十一月に創立したが、春樹は四十二年に『カラー版　世界の詩集』全十二巻を手がけてベストセラーにした。これは岸田今日子などが朗読したソノシートをつけ、「読む、見る、聴く」の三位一体で各巻二十万部以上が売れた（角川春樹『わが闘争』イースト・プレス）。

《この頃から、「活字と映像と音楽」というメディアミックスが必要だという戦略論が自分の中では芽生えはじめていた》と、角川は自著に書いているが、続いて刊行した『日本の詩集』は全然売れず、彼は父親から左遷される。その頃、角川は愛人と一緒に見に行ったマイク・ニコルズ監督の映画「卒業」のテーマ・ミュージックがヒットし、チャールズ・ウェッブの原作が早川書房から翻訳されて十万部以上のベストセラーになっていることを知る（「愛と夢をつれて」『シナリオ・人間の証明』角川文庫）。この時、角川は、「映画と本と音楽」が合体すると、強い力になることを認識し、『ラブ・ストーリィ』の翻訳権を二百五十ドルのアドバンスで獲得して四十五年十一月に刊行、翌年百万部に達した。

しかし、この成功を得るまでには、いろいろな葛藤があった。角川は、『ラブ・ストーリィ』の出版企画を編集企画にもかけずにおし進め、営業部からは無名の翻訳物は売れないという理由で反対された。仕方がないので、著者を映画会社に呼んでもらって、キャンペーンを張り、ベストセラーにした。

彼は、「卒業」という映画を見に行った時認識した映画と音楽と本が結びつくことを『ラブ・ストーリィ』で実現したいと考えたからである。この作品の作者はエリック・シーガルという無名の新人であったが、アメリカではベストセラーとなり、フランシス・レイの映画音楽のサントラ盤もよく売れていたので、角川は「掛け率が高額であればあるほど、成功の果実も巨額になる」(「愛と夢をつれて」)という信念で、果敢な挑戦を行ったのである。

本は昭和四十五年十一月に刊行されたが、表紙カバーの裏には、こんな文句が記されている。《「ラブ・ストーリィ」は国内だけで現在1200万部を売りつくした驚異的な小説である。発表と同時にすでに古典的な扱いをうけ、大学の講義の中にとりあげられ議論の的となっている》

原著のように千二百万部まではゆかないが、翻訳書の方も、四十六年には百万部に達した。この年をさかいに角川は従来の角川書店にはなかった路線を切りひらいてゆく。それは、映画とタイアップするという形で次のように行われた。

《四十六年、角川は横溝正史の『八つ墓村』をオカルト・ミステリーとして角川文庫に収録し、五十年には横溝作品が二十五点となり、総部数が五百万部、五十一年には一千万部に達した。この売れ行きに寄与したのは映画であった。角川は、『八つ墓村』の映画化を考え、松竹と提携して製作しようとしたが、脚本の遅れですぐに製作できず、五十年にATG作品として『本陣殺人事件』を製作、さらに五十一年に角川春樹事務所を設立し、東宝と提携して『犬神家の一族』を製作した。これらが、角川文庫所収の横溝作品の売れ行きを促進し、五十二年には『八つ墓村』も映画化された。その結果、四十六年の初版部数二万六千部がその年八万部まで伸びていた『八つ墓村』は、五十二年八月には百六十三万部となり、『本陣殺人事件』は五十四万部を売った》(『ベストセラー物語』下)。以後、角川の映像・本・音楽の三位一体作戦が進む。

日本版オカルト・ミステリー

角川が『八つ墓村』を始めとする横溝正史の作品になぜ目を向けたのか。かつては売れっ子作家だった横溝は、昭和三十年代に台頭した松本清張らのリアリズムを重んじた社会派推理小説によって「忘れられた巨匠」となっていたのだが、その頃、アメリカでは怪奇ロマンとミステリーが人気をよんでおり、角川はオカルト・ミステリーが日本でも注目されると考えたからである。

日本におけるオカルト・ミステリーといえば、横溝正史や江戸川乱歩、夢野久作などの作品があるが、角川は横溝にスポットをあてた理由について、子供の頃、角川書店で父親が刊行した『国民文学全集』で横溝正史の『八つ墓村』と江戸川乱歩の『白髪鬼』を読み、非常に面白かったという記憶があったと『NHK知るを楽しむ　私のこだわり人物伝　横溝正史』（日本放送出版協会）で告白し、《乱歩さんは他社に完全に押さえられていて、残るは横溝さんでした》と語っている。そして、角川は、作家全体、作品全体をトータルに演出し、プロモートするという作戦を考え、昭和五十年には、横溝の作品二十五点を角川文庫で揃えて〝横溝正史フェア〟を開催し、これまで刊行した作品とあわせて、五百万部を売ることにした。その時、横溝は「あんまり無理をしないでよ」と角川に言った（『週刊読書人』昭和五十年十二月二十九日号）が、五十年には七百五十万部という売り上げを達成した。

この時は、派手な新聞広告だけでラジオもテレビも映画も使わなかったが、翌五十一年の第二回〝横溝正史フェア〟は角川春樹事務所製作の第一回映画作品「犬神家の一族」が用意された。

この時、角川は編集局長を経て社長となっていたが、「犬神家の一族」は入場者が二百八十万人で、配給収入八十七億円、収益は八億円にのぼり、横溝作品の売り上げは五十二年暮れまでに千八百万冊、翌年には二千八百万冊となった（塩澤実信『出版社の運命を決めた一冊の本』流動出版）。

横溝作品がこのように受け入れられたのは、社会派推理小説によって古いと批判された横溝のオドロオドロしい文体が、劇画によって育った若い世代にとっては非日常的な物語の面白さを持った作品として受けとめられたからであり、さらに横溝の作品には探偵の金田一耕助に象徴されるように、特色あるキャラクター性を持った人物が登場することも魅力となった。

八つ墓村

角川流〝ギャンブルの張り方〟

時代の変化が角川にとっては追い風となり、その後、「映画と音楽と本」というメディアミックス戦略は、森村誠一の『人間の証明』『野性の証明』などにおいても発揮され、「母さん、ボクのあの帽子どうしたでしょうね」「読んでから見るか、見てから読むか」といったコピーのＴＶＣＭがヒットした。五十二年八月から十月にかけてＣＭが全国二十局のテレビスポットで六千五百本、ラジオで四千本流され、新聞広告は中央・地方で四十紙、電車二万一千五百両、バス五万四千台、駅三千、全国有力書店でのポスターの大洪水が本の広告に用いられ、映画「人間の証明」の宣伝がテーマ音楽のレコードとからませて展開され、締めて十一億円のＰＲ費が投入された（「出版レポート」Ｎｏ．18）。

この大宣伝によって《三カ月の間に『ニンゲンのショウメイ』の知名度は九〇％にまで押しあげ（「出版レポート」）、横溝に次いで森村の作品もミリオンセラーに名をつらねていくのである。結局、『人間の証明』は映画化されることによって《書籍、文庫、ノベルズを含めると、なんと四百万部という大ベストセラーにまで成長したんですからね》（『ＮＨＫ知るを楽しむ　人生の歩き方　常識との闘い』日本放送出版協会）と証言するのは、幻冬舎社長見城徹である。

見城は、廣済堂出版を経て、昭和五十年に角川書店に入社し、最初はアルバイトとして角川春樹が企画した古代船で朝鮮半島の釜山から九州へ渡るというプロジェクトにたずさわり、やがて『野性時代』の編集を手がけるようになるが、その時、角川と身近に接する。その体験を通して、見城は角川について次のような印象を得たという。

《僕が入社した頃の角川書店は、オリジナルな小説をまだ手がけていなかったんです。そんな中で文芸誌『野性時代』を創刊し、森村誠一に注目したのはもちろんのこと、まだ誰もやっていなかったメディアミックスという手法を考えた社長は、大した人だと思いましたね。

彼は常々「新潮社や講談社や小学館に追いつこうと思ってまともに勝負したら、五十年はかかる。

だからこそ新しい本の売り方を考えることが重要なんだ」と言っていました。
その後、横溝正史の『犬神家の一族』を映画化する際にも「俺はこの作品の映画化には宣伝費も含めて八億かけるつもりだ。もし、これが失敗すれば角川書店は潰れるかもしれない。しかし、もしうまくいったら、大手の出版社に追いつく期間が十年に縮まる。俺は追いつき追い越すためにやることに決めた」と宣言した。そう言われると、誰もが納得させられてしまうんですよ。この人についていこうと思ってしまう》(『知るを楽しむ』所収、日本放送出版協会)
そして、見城は映画「犬神家の一族」が公開された日のことを、こう語っている。
《『犬神家の一族』の映画公開日の明け方、小雨が降って来たんです。その時、社長が言ったひと言は今も忘れられません。「俺達はやれるだけのことはやった。あとは祈るしかない、みんなで成功を神に祈ろう……」って。その言葉を聞いたあとに、八時頃劇場に行ったんです。劇場を幾重にも取り巻く観客の姿を見た瞬間、僕は涙が次から次へと溢れて来て止まりませんでした。仕事であれだけ泣いたのはあとにも先にもあの時だけです。
社長からは、目標に向ってひたすら努力するということももちろんですが、「ギャンブルの張り方」という部分でも大きな影響を受けたように思います》(同)
こうして、見城は角川に心酔するようになり、『野性時代』の編集部では森村誠一の『人間の証明』を担当することになるのである。しかし、見城は角川の下を去って、自分で出版社を作らざるを得なくなる。

常識や制度を破壊する眼

角川春樹は昭和五十年に社長になり、「シネセラー」戦略は森村誠一の『人間の証明』や『野性の証明』などでも発揮されて、いずれもベストセラーとなり、「カリスマ経営者」と呼ばれるようになった。ところが平成五年、コカイン密輸事件で逮捕されて社長を解任されるという事件が起こった。

この時、役員会で角川の社長解任に賛成しながら、自分も辞表を提出して角川を去り、一緒に辞めた他の五人とともに幻冬舎という出版社を立ち上げたのは、出版苦難時代の平成の出版界でミリオンセラーを連発する見城徹である。彼は慶応大学を卒業して廣済堂出版に入社し、一年目で『公文式算数の秘密』という三十万部以上も売れたベストセラーを出し、やがて角川書店でアルバイトで働き、正社員になると、『野性時代』で森村誠一の『人間の証明』を担当、文芸書の編集者としても、つかこうへいや村松友視らの直木賞作品を手がけるまでになる。

そんな経歴を持つ見城が、角川を辞めて設立した幻冬舎は、発足の時から大きな話題を呼んだ。平成六年の創業時に五木寛之『みみずくの散歩』、村上龍『五分後の世界』、篠山紀信『少女革命』、山田詠美『１２０％ＣＯＯＬ』、吉本ばなな『マリカの永い夜／バリ夢日記』、北方謙三『約束』の六冊を同時に刊行し、新聞で全面広告をしたからだ。さらに創業三年目の平成九年には一挙に六十二点を刊行するという形で幻冬舎文庫を創刊し、その時の総発行部数は三百五十万部であった。そして、翌十年、郷ひろみが離婚の真相を綴った『ダディ』を出版したが、これは初版五十万部という部数で、五日間で百万部を発行した。これについて、見城はこう言った。
《基本的に、僕のやり方、幻冬舎のやり方の根底には、常識や制度と闘い、それを破壊するということがあるんです。薄氷はできるだけ薄くして踏めとか、顰蹙《ひんしゅく》は金を出してでも買えとか。全部ものすごくリスキーですよ。でもリスクを恐れていたら、何も始まらない》（見城徹『編集者という病い』太田出版）
　こうした信条を持つ見城は、五木寛之の『大河の一滴』、石原慎太郎の『弟』をはじめ、ミリオンセラーを短期間で何点も刊行している。
　しかし、ミリオンセラーを出すまでには、見城徹は大きな努力をしている。『編集者という病い』には、石原慎太郎と出会った時のことが、こう書かれている。

弟

《学生時代から僕は、出版社に入ったら何よりもまず慎太郎さんと仕事をしたいと願っていた。初めて会うことが叶った日に、若者の浅知恵で赤いバラの花を四〇本抱えて持って行った記憶がある。「男にバラの花束をもらうのは初めてだなぁ」

　憧れつづけた作家は少年のように照れた。僕は、自分がいかに慎太郎さんの小説を愛しているかをまくし立てた。それを遮るように、「君は、酒は飲めるかね」と尋ねられ、「飲みます」と答えると、その場でドライマティーニを作ってくれた。
慎太郎さんの逗子の自宅は圧倒的にカッコいい家だった。丘の頂上に建ち、部屋からは海を一八〇度見渡せた。置いてあるちょっとしたものにも住んでいる人の肌触り、息遣いが見事に表現されていた。毎月その家に原稿をもらいに行くのが楽しみだった。そんな夏のある夜、慎太郎さんが「散歩しよう」と逗子の海岸に誘ってくれたことがある。そこで彼は、自分が今何に苦しみ、何に挑み、何に劣等感を感じ、何に空しさを覚え、何に苛立っているのか、そんな内面を二五歳の僕に打ち明けたのだ。逗子の海岸から深まった関係は、十九年後の夏、ミリオンセラーとなった『弟』によって結実する》
その結実のきっかけとなったのは、見城が幻冬舎を設立直後、石原が社に立ち寄り、社員を前に「未熟な社長だが、見城をよろしく頼む」と挨拶し、見城に向って、「もし俺にまだ役に立てることがあるのなら、何でもやるぞ」と言ったことである。その言葉に呼応するように、見城はすぐ「裕次郎さんを書いてください」と頼んだ。なぜなら、《私小説を一切書いてこなかった慎太郎さんに、最も血のつながりの濃い弟を書いてもらうことによって、読者の知らない、もうひとつの石原慎太郎像が浮かびあがるのではないかと思っていたからだ。周囲から見れば「編集者にとってだけおいしそうな」話でもある。しかし石原さんは嫌な顔ひとつせず、「俺もずっと裕次郎のことは気になっていた。いつか書こうと思ってメモ書きしてある。お前が言うんだったら、書くよ」と言って社を後にした》

編集者が持つべき三枚のカード

見城は、『編集者という病い』に収められた小松成美によるインタビューにおいて、《編集者は作家に対し、切り札として常に三枚のカードをもっていなきゃ駄目だと僕は思っているんです》と語っている。そして石原の場合には、《一枚目のカードは、弟である石原裕次郎ですよ》と語り、《二枚目のカードは〝政治家・中川一郎の死〟三番目のカードは〝老い〟ですよ》と語っている。しかし、中川のことは「死ぬまで書かない」と石原が言っているので、一枚目のカードを切ったと、見城は語り、三枚目のカードは平成十四年に刊行された『老いてこそ人生』というエッセイだった。見城は《僕は、カードは常に三枚用意しておくんです。オーバーに言えば、三百人それぞれに三枚ずつ持っている》というが、そのカードを出すタイミングを常に計算している。五木寛之の『大河の一滴』が刊行された時も、カードが切られたが、見城は小松にこう語っている。

大河の一滴

《五木さんがある時、食事のあとの雑談のなかで、こういう時代にはこう生きるしかないんだって話を独り言のようにして下さったんですよ。お茶を飲みながら中国の屈原という人の故事を突然、話しはじめた。

「滄浪の水が清らかに澄んだときは／自分の冠のひもを洗えば

よい／もし滄浪の水が濁ったときは／自分の足でも洗えばよい」

滄浪という川のほとりでの話で、後に「滄浪の水が濁るとき」というタイトルの章に書かれていますが、屈原の故事を持ち出し「どんな時代でもそういうふうに考え、生きていくしかないんだよ」と話す五木さんに、僕は思わず立ち上がって言ったんです。「だったら、その話を書いてください！」と。人間関係の集積と切り札のタイミング。それは絶えず努力してないとつかめない幻の蝶のようなものなんですよ》

見城によって語られたことは、五木も『大河の一滴』の〈あとがき〉に書いている。

《……たまたま幻冬舎の見城徹氏と会う機会があった。食後の雑談のおりに、ふだんはあまり言わないような説教じみた話を、私がつい口にしてしまったとき、彼が、おや、という顔をした。こういうひどい世の中に人はどう生きればいいか、という話を古代中国の屈原の故事をもちだして私なりの考えをしゃべったのだ。著者と担当編集者として四半世紀以上もつきあってきた心やすさが、私についそんな年長者めいた話をさせてしまったのだろうと思う。そのとき突然、見城氏が体をのりだして言った。「その話を書いてください。絶対にいま書くべきだと思います」

私は彼の剣幕に気圧されたような気もしたが、また一方でそれが自分にどこか遠いところから響いてきた声なき声のようにも感じられた。そして、そうだ、いま書くべきことかもしれない、と思った。この一冊が世に出るきっかけは、そういうことである》

二十五通目の手紙で初めて会う

こうして書かれることになった『大河の一滴』は、文庫になって三百万部に達したが、この本は衝撃的な書き出しで始まる。

《私は、これまでに二度、自殺を考えたことがある。最初は中学二年生のときで、二度目は作家としてはたらきはじめたあとのことだった。

どちらの場合も、かなり真剣に具体的な方法まで研究した記憶がある。本人にとっては相当にせっぱつまった心境だったのだろう。

だが、現在、私はこうして生きている。当時のことを思い返してみると、どうしてあれほどまでに自分を追いつめたのだろうと、不思議な気がしないでもない。

しかし、私はその経験を決してばかげたことだなどとは考えてはいない。むしろ、自分の人生にとって、ごく自然で、ごくふつうのことのような気もしてくるのだ。

いまでは、自分が一度ならず二度までもそんな経験をもったことを、とてもよかったと思うことさえある。これは作家としての職業意識などではなく、ひとりの人間としての話だ。癌細胞は放射線や抗癌剤で叩かれ、いじめられて生き残ったものほど強くなるというが、人間というやつもそういう面があるのかもしれない。

人間はだれでも本当は死と隣りあわせで生きている。自殺、などというものも、特別に異常なことではなく、手をのばせばすぐとどくところにある世界なのではあるまいか。ひょいと気軽に道路の白線をまたぐように、人は日常生活を投げだすこともありえないことではない。ああ、もう面倒くさい、と、特別な理由もなく死に向って歩きだすこともあるだろう。私たちはいつもすれすれのところできわどく生きているのだ》

『大河の一滴』を書いてもらった五木に、初めて見城が会うことができたのは、五木の作品をすべて読み、手紙で感想を送り、十八通目に返事が来て、二十五通目の手紙が来てからのことである。ミリオンセラーには、前史があったのである。

また見城は自著で村上龍について、こんなエピソードを披露している。

《最初の出会いは、群像新人賞ですごいヤツが出たという記事を朝日新聞に見つけたときですね。ごく小さな顔写真が紙面に印刷されていた。その顔写真を見て、感じるものがあったんです。あらゆる手段を使って住所と電話番号を調べ上げ、『群像』が発売される前に会いに行ったんだよね。新井薬師の喫茶店だった。美しい鳥の目だと感じた》(『編集者という病い』)

以来、見城と村上は深く結びつき、幻冬舎の創業時に『五分後の世界』を書いてもらって以後も、ベストセラーになった本を村上は幻冬舎から刊行している。

口語体の歌集『サラダ記念日』

見城徹は最初、新井薬師（東京都中野区）の喫茶店まで行って村上龍と会い、《傷ついた手負いの鳥が軒端で小刻みに震えながら羽を休めている。そんな鳥がまだ生きようとする意志をはらんだ目にそっくりだと思った》（『「編集者」という病い』）という。ところが村上龍は、見城に対して「どうして作品を読んでもいないのにあなたは僕のことをすごいと言うんですか？」と不思議がったという（同）。

その村上龍が芥川賞を受賞したのは、昭和五十一年上半期の第七十五回であったが、この時の受賞作『限りなく透明に近いブルー』は、群像新人文学賞の受賞作でもあった。この作品については、芥川賞選考委員の安岡章太郎が《候補になる以前から、それこそ「はしゃぎ過ぎ」の感があるほど話題になった》と選評に書いたほどだが、芥川賞に決まると、受賞作掲載誌の『文藝春秋』は百万部を売り切り、講談社発行の単行本は百三十万部を突破した。これは、芥川賞史上初めてのことであった（『芥川賞の研究』）。石原慎太郎の『太陽の季節』が初版から一年間で二十六万七千部であったことと比べると、格段の差がある。

サラダ記念日

この部数によって、『限りなく透明に近いブルー』は、昭和五十一年の年間ベストセラー第一位となったのであるが、それから十一年経った六十二年、文芸作品がふたたび、ベストセラーの上位に登場する。この年の第一位は俵万智『サラダ記念日』（河出書房新社）で、第九位に村上春樹『ノルウェイの森』上下（講談社）が入っているが、『ノルウェイの森』は六十三年に第二位に入り、さらに平成元年には、一人の作家の文芸作品が五点もベストテンに入るということが起こった。吉本ばななの作品であるが、昭和の末から平成初めにかけての出版界は〝文芸復興〟の装いを呈した。

まず六十二年の『サラダ記念日』。これは歌集でありながら百八十四万部という大部数が売れたことで出版界を驚かせたが、この本が刊行されたのは六十二年五月八日のことだった。編集を担当したのは『文藝』編集長の長田《おさだ》洋一で、『文藝春秋』六十二年九月号に長田が執筆した「『サラダ記念日』騒動記」によれば、長田が俵と初めて会ったのは六十一年十一月のことで、俵はすでに「八月の朝」五十首で角川短歌賞を受賞していた。その中の一首《「嫁さんになれよ」だなんてカンチューハイ二本で言ってしまっていいの》がマスコミでも話題になっていた。

長田は最初は彼女のエッセイに注目し、歌集の話は後にした。しかしこれまでの短歌を読ませてもらうことにし、読んでいるうちに魅《ひ》かれて出版を決意、定価九百八十円で八千部を刊行することにした。ところが、発売四カ月で百九十五刷、百十万部に達した。口語体で詠まれたこの歌集は、定型詩による恋の物語として受けとめられ、歌集としては珍しくミリオンセラーとなった。

「『サラダ記念日』騒動記」によれば、俵に対し、最初エッセイのことを話したのは、歌集や句集が商業ベースに乗りにくいと思ったからだが、同時にいままでたまった短歌をまとめて本にするつもりはないかと打診した。それに応えて、俵はドサリと自分が詠んだ歌のコピーを送ってきた。その歌を読んだ感想は《一首を読むと、次の歌が待ち遠しい》というもので、長田は出版を決めた。不思議なことに、初校、再校とゲラを読み返すたびに、三千、五千、六千、八千、一万と長田の内部で初刷の部数が増え、最終的に定価九百八十円で八千部に落ちついた。そして、長田は最初、意識的に読者年齢層の高い媒体にパブリシティを行い、徐々に年齢を下げていった。発売から約四カ月経った九月六日の時点で百九十五刷百十万部に達したが、『サラダ記念日』は口語体でありながら、定型で表現されていることに新しさがあったと佐佐木幸綱は指摘している。

自由だがさみしくて孤独な若者たち

俵万智の『サラダ記念日』がベストセラーとなった昭和六十二年には、文芸書のベストセラーがさらに現われた。村上春樹の『ノルウェイの森』上下（講談社）である。この本は六十二年九月に刊行され、六十二年の年間ベストセラーでは第九位であったが、翌年になっても売れ続けて第二位となる。そのため、朝日新聞の六十三年十二月二十五日付の「メディアの顔」という欄で、下村満子がこの本の編集担当者である木下陽子にインタビューし、その中にこんな一節がある。

《昨年九月に講談社から出版されて以来一年以上、ベストセラーの地位を守り続けている。三五〇万部。純文学系の小説としては記録的といえる。

ノルウェイの森

「なぜそんなに売れたんだと思いますか」ときくと「それがわからないんですよね」と笑った》

下村は、そう書いて、さらに木下に対し、「でも、このテーマについては、木下さんが七年がかりで村上春樹さんを口説いたとか」という質問をぶつけている。これに対し、木下は村上のデビュー作『風の歌を聴け』とその後の『１９７３年のピンボール』の中にほんの数行とか数ページ登場する一人の女性について書いてみないか、と頼んだところ、その時は「ダメだ」と言われたと答えている。

まだそれについては書きたくないというのが村上の考えであったが、それから何年かたって、村上から書き下ろしが出来上がったという手紙が届いた。その原稿は、七、八年前に木下が村上に言った女性についての恋愛小説で、木下によると、「こちらを引き込んで感情をゆさぶるものがある」というものだった。「読んでから一カ月くらいはあの世界に自分が入っちゃってね。久しぶりに本を読んで興奮したっていう感じになったんですね。でも初版は一〇万部です」。木下はインタビューでそう語っている。

村上は『文藝春秋』平成元年四月号のインタビューで、最初二十万売れると思っていたので、二十万部売れた時は出版社に対する責任を果たしたと思ったが、「一五〇万過ぎると、いいやという気になってきちゃうんですね」と語っている。

木下によると、発売後の売れ行きの伸びがちょっと止まったとき、クリスマスを控えていたので、帯を金色に変えたら、「赤と緑の表紙に金ですから、プレゼントにぴったりで、また売れ始めて、以来止まらない」という。セックスによって肉体的に交わることができても、精神の次元ではコミュニケーションができず、孤独の中で精神を病んでいる人物を描いたこの小説は、出版の翌年には上下で三百五十万部に達した。百万部を超すと、ベストセラーということで最初は反発した読者が、読んでみたら面白かったという感想を寄せてきたという。

『ノルウェイの森』が赤と緑の表紙であったのは、村上の要望であったが、朝日新聞の記事においては、本書の売れ行きの要因も分析されている。

《――年齢層はどの辺が多いんですか。

「もともとは一八歳から二三歳くらいまで。私、いまの若い人の恋愛に対する考え方、昔と変わってないんじゃないかって感じがするんです。わりと保守的なんですよね。

この小説は内容的には昔あった恋愛小説と同じですからね。それに感激したってことは、みんな案外古風なのではないか、と」

――ただ、いまの若い人たちって男女の付き合いはオープンでセックスも自由であるにもかかわらず、コミュニケーションがうまくできず、さみしくて、孤独で、何か純粋なものを渇望しながら、どうしていいかわからない、みたいなところがある。それがよく出ているような気がしたんですけど。

「確かにそうかもしれない。整理していただいてよくわかりました（笑）。今度のこの小説への反応をみていて、すごく病んでる人が多いなって思ったんです。そういう人ばかりじゃないかと思うくらい多いんですね」》

朝日の「メディアの顔」における下村満子の質問と木下陽子の回答を読むと、この小説の作品世界と、本書が売れた秘密がわかってくる。

ベストテンに五冊の快挙

吉本ばなな（現在は、よしもとばなな）は、戦後ベストセラー史において、空前絶後の記録保持者である。平成元年のベストテンに第一位『TUGUMI』（中央公論社）、二位『キッチン』（福武書店）、五位『白河夜船』（同）、六位『うたかた／サンクチュアリ』（同）、七位『哀《かな》しい予感』（角川書店）と、計五冊の小説が入っているからだ。エッセイ集『パイナップリン』（角川書店）は十二位だった。

その二年前の昭和六十二年に安部譲二の本が、第二位『塀の中の懲りない面々』（文藝春秋）、六位『極道渡世の素敵な面々』（祥伝社）、八位『塀の中のプレイ・ボール』（講談社）、十五位『塀の中の男と女たち』（ワニブックス）というぐあいに同一著者による複数ベストセラーとなったが、吉本ばななはその記録を上まわったのである。

その吉本が『ラックエース』（トーハン）の平成元年九月号のインタビューにおいてこんなことを語っている。

《「村上春樹さんを読んだ時、自分が書いているものに、世の中に通用する部分があるかもしれないと、初めてそういう気持ちになったんですね。全くいままでの小説と違うし、若い人の思っているこ

とが書いてある。こういう人がいるんだったら、私もそのうち何とかなるかもしれないと……」》
　そして、吉本は村上の作品では『ダンス・ダンス・ダンス』が一番好きで、《あんなに面白かった小説はなかったと思います》と語っているが、このインタビューを読むと、吉本ばななという作家を生み出したのは村上春樹だったと思えてくる。彼女は昭和六十二年に「キッチン」で第六回海燕新人文学賞を受賞して文壇にデビューしたが、同誌編集長の田村幸夫が『しゅっぱんフォーラム』（トーハン）の平成元年八月号に執筆した「グラフで見る〝ばなな人気〟」によれば、昭和六十三年一月に刊行した第一創作集『キッチン』は初版一万五千部で出発し、平成元年七月半ばに百万部（四十二刷）となったが、六十三年八月刊の『うたかた／サンクチュアリ』は初版四万五千部だったのが、平成元年に七十三万部となり、この年四月刊行の『ＴＵＧＵＭＩ』は初版十万部が七月半ばに百万部、同年七月刊の『白河夜船』は初版十二万部が二週間で五十万部（五刷）となる。

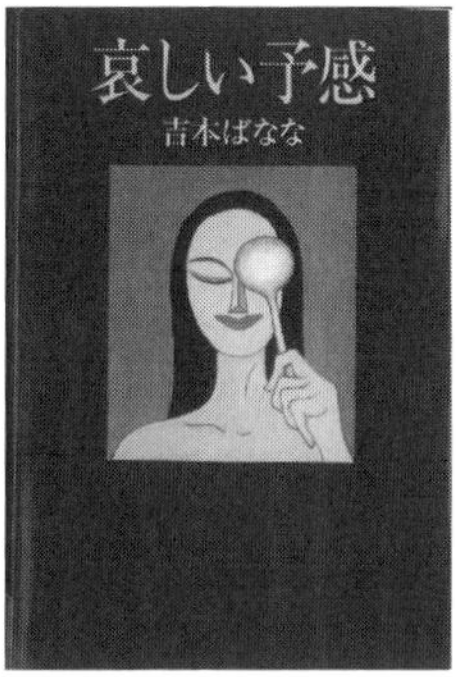

哀しい予感

　その結果、吉本の本は平成元年だけで四百七十万部、累計で五百四十万部となった（全国出版協会・出版科学研究所『出版指標年報』一九九〇年版）。田村によると、愛読者カードで《年齢別に最も多いのは二十代、次いで十代、三十代と続き、その85％が女性》だったが、吉本は『文藝春秋』平成元年十一月号のインタビューで、こう語っている。
《――読者の反響はどうですか。

吉本　手紙をたくさんもらいます。手紙を書く人がある意味では特殊な人かもしれないんで、それで何かを判断することはできないんですけどね、とんでもない手紙もありますよね。

嫌がらせとかケチをつけてくるのとか……。だけどだいたいの観測では、私が何か伝えたいことがハッキリあったとしますでしょう。それをすごくもどかしい文面で、本当にいいたいことがあるんだけれども、こんなふうにしか表わせないという感じで手紙にしてくるわけです。

私のいいたいことがわかっているということを伝えたいんだな、そう思う場合が多いから、大まかなところはちゃんと伝わっている気はするんです。

——作者としてはうれしいでしょう。

吉本　うれしいというか、不思議ですよね。一〇通きたら一〇通が同じような書き方で同じようなことをいってるから、伝わっているのがうれしいと同時にちょっと怖い感じがする。

だってその人たち同士はまったく知らないのに、同じことを書いて、どっと一度にここにきてしまうというのは何となく怖いです。

——「私の感じてることを書いてくれてありがとう」みたいな文面ですか。

吉本　そういう感じだったらもっとハッキリしてるんですよ。そうじゃなくて、私はどういうわけでこの本のことを知って、それで買いたいと思って、どういう日にこの本を買って、読んでどういう気持ちになって、どうしました、みたいなことが、似てるというよりまるっきり同じなんです。本屋さんに何冊しかなかった、あそこの本屋に行ったらどうだった等々。バリエーションはあるんですけどね、夜、寝る前に一気に読んだとか。感動の表現の度合いがすごく似ている。興味深いというか、面白いことだと思って。

——女の子?

吉本　男の子もいるけど女の子が多いかな。高校生、大学生くらい。

——いわゆるお勉強のできる子より、ふつうの女の子の読者の方が多いですか。

吉本　いえ、半々です。それからいろんなことにすごく悩みがちな子が多いです。現実のことに悩んでいる子もいるし、何かもっと夢の中に住んでいるようなひともいます。だから楽しそうな手紙をもらうと、何よりうれしいですね》

吉本ばななの作品は、こうした読者に支えられているのであるが、インタビューの中で興味深いのは《一〇通きたら一〇通が同じような書き方で同じようなことをいっている》という部分である。これは《感動の表現の度合いがすごく似ている》ことを示しているが、現代において文学作品がベストセラーになるためには、こうした側面も必要なのである。

ミニ出版社のファンタジー

戦後ベストセラー史における記録をぬりかえる出来事は平成十四年にも起こった。俗に〝ハリ・ポタ騒動〟とも呼ばれるが、この年十二月二十三日に静山社から刊行されたJ・K・ローリングの『ハリー・ポッターと炎のゴブレット』上下が、初版二百三十万セットで出発し、初版部数記録を大幅に上まわったからである。しかも、この本は定価が上下巻セット三千八百円で、返品の認められる委託販売でなく、買い切り制をとったということで、余計にマスコミで注目されたが、十一月末には三百五十万セット（六刷）に達した。『ハリー・ポッター』シリーズの第四巻にあたるこの本が話題になったのは、一—三巻が刊行のたびにベストセラー上位に入っていたからだが、第四巻の発売当日は、全国各地の有力書店で早朝から大勢の客が行列を作り、まるでゲーム機の発売と同じような光景が見られた。

この『ハリー・ポッター』シリーズの第一巻『ハリー・ポッターと賢者の石』が刊行されたのは、平成十一年十二月一日のことで、その時の初版部数は二万八千部であった。それが十二年一月中旬には二十八万部までゆくといった売れ行きであったのだが、この年の年間ベストセラーに第一巻と第二巻『ハリー・ポッターと秘密の部屋』が合わせて第三位に入った。

そして、十三年も第一、二巻と第三巻『ハリー・ポッターとアズカバンの囚人』が抱き合わせとなって二位に入り、十四年には一—四巻合計で一位になった。さらに十六年には第五巻の『ハリー・ポッターと不死鳥の騎士団』上下（セット四千二百円）が単独で一位、十八年には第六巻の『ハリー・ポッターと謎のプリンス』上下（セット三千九百九十円）が二位に入り、二十年に最終巻の第七巻が刊行された。

この本は第三巻までは一冊本で定価千九百円であったが、第四巻以降は上下二冊本のセット定価となった。これは部数も多いので、書籍の販売金額の伸びに寄与し、『ハリー・ポッター』シリーズが刊行された平成十四、十六、十八年と隔年ごとに書籍は前年の売り上げを上まわった。

出版界にこんな貢献をした『ハリー・ポッター』は、発行元の静山社社長である松岡佑子訳で刊行された。彼女は翻訳者で同時通訳者であるが、亡くなった夫が経営していた静山社を継承し平成十年にロンドンでイギリス人の旧友から『ハリー・ポッター』の原著を紹介され、従業員一名のミニ出版社でありながら、熱意によって大出版社を退け、翻訳権を獲得、自分で翻訳して自社から刊行した。

十年十二月八日、著者J・K・ローリングの代理人から「著者と話した。私たちはあなたに決めた。よろしく頼む」というメールを受けとった時の感動は、第一巻の巻末にも書かれている。

ハリー・ポッターと賢者の石

『ハリー・ポッター』シリーズの著者であるJ・K・ローリングは、イギリスのウェールズ生まれで、この作品は三十歳の時に書いた処女作である。一九九七年に刊行されたが、彼女は離婚したので、この作品は、子供が寝ている間の二、三時間と、夜、子供が寝てからの数時間をあてて執筆した。しかし、児童書としては長過ぎるという理由で、大手の出版社からは出版を断られ、ブルームズベリー社という小出版社から刊行された。

そして、一九九九年には百三十カ国で一千万部が刊行されるまでになったが、日本で刊行されると、八歳から七十八歳までの読者を獲得した。

十一歳の少年ハリーを主人公とする、このファンタジーの第一巻の『ハリーポッターと賢者の石』は、こう書き出されている。

《プリベッド通り、四番地の住人ダーズリー夫妻は、「おかげさまで、私どもはどこからみてもまともな人間です」と言うのが自慢だった。不思議とか神秘とかそんな非常識はまるっきり認めない人種で、まか不思議な出来事が彼らの周辺で起こるなんて、とうてい考えられなかった》

こうして始まる『ハリーポッター』シリーズについて訳者の松岡祐子は、第一巻の末尾に付された「ハリーへのラブレター」でこう書いている。

《イメージ豊かなファンタジーである。登場人物の顔が目に浮かび、声が聞こえ、手の動き、目の動きまで見えてくる。音、におい、そして色が伝わってくる。

ハリー・ポッターに出会ったとき――それは不思議な出会いだったが――私は血が騒いだ。これだ！　天が私に与えた本だ。大げさでなくそう思った。ハリー・ポッターの世界を英語で読んだこの面白さを、そっくりそのまま日本の読者に伝えたい。それが私の使命だ。そう思いこませる何かがこの本にはあった。

まるで魔法にかかったように、私は一晩でこの一冊を読み終えた。面白くて途中でやめられなかった。衝撃的なこの最初の出会いから出版までの一年間、この本は私ばかりでなく多くの人に魔法をかけた「まか不思議な出来事」がこんなに身近でおこるとは、魔法使いならぬ「マグル（人間）」の私には信じられないぐらいだった》

『ハリー・ポッター』シリーズはイギリスで第三巻が刊行されたときは、子供たちが学校が終わってから買うように、書店での販売は午後三時四十五分に解禁されることになったのだが、これは第二巻が発売されたとき、学校を休んで書店に行く子供が多かったからである。

このように、世界的に大ベストセラーとなった『ハリー・ポッター』シリーズも平成二十年に完結し、最終巻の第七巻『ハリー・ポッターと死の秘宝』が七月二十三日に発売された。『文化通信』七月二十六日号によると、『ハリー・ポッター』シリーズは世界で六十五言語に翻訳され、販売部数は三億五百万部を突破し、日本では七巻累計二千三百五十五万部、定価換算六百八十一億七千九百六十五万円にのぼった。

ちなみに、第七巻の発行部数は第六巻より二十万部少ない百八十万部だったが、予約はアマゾン・ジャパンの九万五千部を筆頭に各地で前巻を上まわった。発売日には静山社社長で、訳者である松岡祐子が、マントと帽子姿で早朝五時に百五十人が並んだくまざわ書店八王子店のカウントイベントに訪れ、他店でのイベントにも参加した。

ネーミングとわかりやすい語り口

『ハリー・ポッター』シリーズがベストセラー・リストに登場し始めた頃から、ベストセラー・リストで新しい現象が見られるようになった。その一つは『ハリー・ポッター』と同じく、翻訳書がベストテン内に登場することである。平成十二年にアラン・ピーズほか『話を聞かない男、地図が読めない女』（主婦の友社）が第二位、十三年にはスペンサー・ジョンソン『チーズはどこへ消えた？』（扶桑社）が一位、ロバート・キヨサキ、シャロン・レクター『金持ち父さん　貧乏父さん』（筑摩書房）が四位、オグ・マンディーノ『十二番目の天使』（求龍堂）が七位、十五年にアラン・ピーズほか『嘘《うそ》つき男と泣き虫女』（主婦の友社）が十位、十六年にはA・ロビラ、フェルナンド・トリアス・デ・ベス『Good Luckグッドラック』（ポプラ社）が四位に入っている。

これらの本は、専門的な知識をわかりやすく伝えたり、物語風にビジネスや経済の知識を伝えることで、従来、あまりビジネス書に関心のなかった女性を読者とすることでベストセラーとなった。このうち『チーズはどこへ消えた？』は、平成九年と十年にM・スコット・ペック『平気でうそをつく人たち』やフランチェスコ・アルベローニ『他人をほめる人、けなす人』などのベストセラーを連発した草思社のような本を出したいということで刊行された。草思社の本は書名に工夫をこらし、後者は「他人をほめる人、ほめない人」を改めたもので、前者は「うそをつく人たち」に「平気で」という言葉を販売部の意見でつけ加えた。

草思社流の書名は、平成十三年の九位に入った堀場雅夫『仕事ができる人　できない人』（三笠書房）、十七年の一位に入った樋口裕一『頭がいい人、悪い人の話し方』（ＰＨＰ研究所）などの書名にも影響しているが、書名が売れ行きを左右するのは今も昔も変わらないことは、これまで何度も述べてきた通りである。

そのことを、十五年に第一位、十六年に三位に入った新書と、十七年に三位に入った新書が証明している。前者の新書は、養老孟司『バカの壁』（新潮社）で、後者は山田真哉『さおだけ屋はなぜ潰《つぶ》れないのか？』（光文社）である。

このうち『バカの壁』は十五年に創刊された新潮新書の第一回配本の一冊だが、養老の語り下ろしという形で原稿が作られ、養老が最初に出した『形を読む』（培風館）に出てくる『バカの壁』という言葉が企画のヒントになったためにつけられた書名である。また『さおだけ屋――』は、小説も書いていた公認会計士の山田に会計の入門書執筆を依頼した編集者が自宅の前をさおだけ屋が通り過ぎていった話を著者にしたのがきっかけで、第一章でさおだけ屋の利益の出し方を書き、それが書名に結びついた。

両書ともミリオンセラーとなったが、前者は初版三万部、後者は二万部で、新潮新書は十八年にも藤原正彦『国家の品格』が内容だけでなく書名も寄与して第一位となり、この書名にあやかった坂東眞理子『女性の品格』（ＰＨＰ研究所）が十九年に二百四十万部で第一位となった。

バカの壁

ところで、新潮新書の『バカの壁』『国家の品格』ともに、書名を考えたのは同一人物である。新潮社常務の石井昂で、彼は養老孟司の『形を読む』に出てくる「バカの壁」という言葉をメインテーマにした本を出したいと考えていたが、新潮新書の創刊を契機に、この企画を形あるものにした。

この本は、養老の語りを編集者が文字化したものに養老が手を入れるという形でまとめられ、『国家の品格』も藤原正彦の講演をまとめるという形で刊行された。卓抜なネーミングと、わかりやすい語り口が両書をベストセラーとし、『国家の品格』は、この書名を模倣したミリオンセラーを生み出すことになったのである。なお『バカの壁』とは、同書の〈まえがき〉によると、《結局われわれは、自分の脳に入ることしか理解できない。つまり学問が最終的に突き当たる壁は、自分の脳だ》という意味があるという。

ケータイ小説とメディアの変化

最近のベストセラーで新たな現象はまだある。その一つは、従来、出版界ではあまり意識されなかったマーケティング戦略が導入されてきたことと、販売部や書店の力がベストセラーに寄与するようになったことである。たとえば、前節で紹介した翻訳書のベストセラーで、『十二番目の天使』と『Good Luck』は、そのことを徹底させることでベストセラーとなった。両書とも、いきなり刊行することをせず、事前にダミー版や原稿のコピーをモニターに読んでもらって感想を求め、それに応じて本造りを考え、『十二番目の天使』では、読者モニターの感想を帯に使い、効果をあげた。

平成十五年と十六年に続けて第二位に入った片山恭一『世界の中心で、愛をさけぶ』(小学館)は、十三年に刊行された小説なのにもかかわらず、十五年になって売れ始め、初版八千部だったのが、十七年には三百二十一万部に達した。この本は著者のつけた書名が『恋するソクラテス』だったのを、「セカチュウ」と愛称される『世界の中心で、愛をさけぶ』と変えて刊行した。そして、十四年四月号の『ダ・ヴィンチ』に女優の柴咲コウが書いた書評から「泣きながら一気に読みました。私もこれからこんな恋愛をしてみたいなと思いました」という一節を抜き出して帯にしたことが売れ行きに貢献した。

　また書店での手書きPOPも売れ行きを促進したが、最近は「本屋大賞」をはじめ、書店員の力がベストセラー作りに影響を与えている。

　こうしたベストセラーをめぐる環境変化以外に、メディアの変化が、新たなベストセラーを生み出すという例も見られる。たとえば、平成十三年十二月に刊行され、十五年に第五位に入った池田香代子ほか『世界がもし100人の村だったら』（マガジンハウス）は電子メールで流布されたメッセージを紙媒体にしてミリオンセラーとなり、十七年の第七位となった中野独人《なかのひとり》『電車男』（新潮社）は、インターネットの「2ちゃんねる」でのスレッド（やりとり）を紙媒体の本にしてミリオンセラーとなった。

電車男

　同年十七位の白石昌則／東京農工大学の学生の皆さん『生協の白石さん』（講談社）も大学生協職員〝白石さん〟と学生の質疑

応答がインターネット上に公開されたものを本にしてミリオンセラーとなり、十五年と十六年にYoshi『Deep Love』（スターツ出版）、十八年と十九年に美嘉『恋空』上下（同）などケータイ小説がベストセラーとなる。そのため、『文学界』二十年一月号が「ケータイ小説は『作家』を殺すか」という座談会を行い、この中でケータイで読んだ作品を「書籍化してください」という声が寄せられたことを紹介している。

ケータイ小説については、平成二十年に、新書でこの小説の売れ方をリポートした本が二冊も刊行されている。そのうちの一冊である杉浦由美子『ケータイ小説のリアル』（中公新書ラクレ）は、ケータイ小説は都会の書店よりも地方の書店で売れると指摘し、次のように売れ方の実態を伝えている。

《都内の大手書店関係者はだいたい、「ケータイ小説」書籍に対して冷めている。

都内老舗大型書店の30代管理職に話を聞いた。文芸にも精通した人物だが、「ケータイ小説」に対しても否定はない。新しいものに寛容であろうとする、リベラルな姿勢がある。その人物ですらこう話す。

「『ケータイ小説』自体は今後も進化するかもしれない。でも、携帯で無料配信しているものを書籍化することに、書店としてはうま味を感じない」

この反応は、当然なのだ。

都心の大手書店では、『恋空』以外の「ケータイ小説」書籍は、びっくりするぐらいに売れない。

２００８年に入って熱心にプロモーションを行っていた「ケータイ小説」書籍が、都心のある大手書店では発売数週間で1冊しか売れなかった、という話も聞く。

ところが地方では、「ケータイ小説」書籍は順調に売れている》

では、なぜケータイ小説は、地方の書店で売れるのか。この本では、三つの理由をあげている。

《……「ケータイ小説」書籍は「一度、ケータイで読んだ読者がまた買う」というのはちょっとした幻想で、実際は、「携帯電話を持っていない中学生が買っている」ということ。こういった層は地方にむしろ多い。２つ目は、書籍流通の問題だ。

現在、一般文芸書は首都圏でしか売れないといわれる。その理由のひとつに、文芸書の出荷が首都圏の書店中心になされる、という事情がある。

先出の地方大型本店の文芸担当者はいう。

「地方都市とはいえ、本店は文芸書はコンスタントに売れることもあり、入荷はスムーズです。しかし、郊外店になると、なかなか大手出版社の文芸書は入ってきません。ところが「ケータイ小説」書籍は、地方の郊外店にも熱心に営業をかけてくる。そうなると郊外店はそういう書籍を入荷することになります」》

恋空

《「ケータイ小説」書籍の多くは、恋愛小説である。それもひねりがない、いわば「直球の恋愛小説」が多い。

このような直球恋愛小説を、都会の冷めた若者が読めるかどうか。

女性誌でも、恋愛についての読み物記事が多い雑誌は、都会よりも地方都市で売れる。恋愛至上主義は地方により濃く存在する》

ベストセラーという現象を考える場合、こうした事情も見なければならないことを、この本は教えてくれるが、さらにベストセラーについて考える場合、従来の常識では収まらない問題も派生している。そのことを、東京新聞平成二十年六月三十日付の「ブログが生むベストセラー」という記事が次のように伝えている。

《今年上半期（トーハン調べ）を制したのは、お笑いコンビ「麒麟」の田村裕さんが中学時代にホームレス生活を余儀なくされた経験をつづった「ホームレス中学生」（ワニブックス）。現時点では、二百二十万部を突破した。

編集担当の吉本光里さん（二七）は「他の芸人さんも紹介してくれたり、テレビの露出がかなりあった」と説明する。著者の熱意もあり、献本は五、六百冊に。口コミ、ブログでも広がった。「芸人さんの実体験を書いた本で、読者との距離が近かったこともあるのでは」と分析する。

今月二十四日のトーハン調べで、二位から四位までを占めたのはJamais《じゃめ》 Jamais《じゃめ》さんの「B型自分の説明書」（文芸社）シリーズ。血液型の特徴をユーモラスに、取り扱い説明書のように書いている。昨年秋に一冊目が自費出版され、今年に入ってブログで火が付き、A型、AB型と次々出版。三冊合わせて二百万部に迫る》

この記事にあるように、最近のベストセラーには、ブログという新しいメディアも寄与している。そのため、『B型自分の説明書』を刊行した文芸社の広報部長である松山正明は、この記事の中で、こう語っている。

「早い時期に山本モナさんのブログに登場し、他にも若手俳優のブログでも見た。携帯小説もそうだが、同世代中心にブログや口コミで広がっていく世界の中になってきた。従来と違う流れが出てきている」

かつては、テレビがベストセラーを生むテレセラー現象がみられたが、ブログという新しいメディアが生み出す〝ブログ・セラー〟すなわち〝ブロ・セラー〟という名のベストセラーが登場したのである。これは、ベストセラー現象の新たな光景と言えるだろう。

読売新聞が全国紙へと飛躍するきっかけとなったのは、昭和二十七年に大阪に進出したことである。私はその頃、島根県の片田舎に住み、中学に通っていたが、それまで全国紙というと、朝日新聞や毎日新聞しか知らなかったので、田舎でも読めるようになった読売新聞が非常に新鮮だった。そのうえ、この新聞には、従来の新聞小説にない連載の読物があった。村松梢風氏の執筆になる「近世名勝負物語」である。この連載が、私には非常に面白かった。

というのは、この物語は、『出版の王座』とか『芥川と菊池』など、一般紙としては珍しく、専門的な内容の読物がとりあげられていたからである。『出版の王座』とは、講談社の創業者である野間清治と、新潮社の創業者である佐藤義亮の出版活動を紹介し、『芥川と菊池』は、題名のとおり芥川龍之介と菊池寛が描かれていた。私は、これらのうち、『出版の王座』はただ読むだけでなく、切り抜きをした。今考えてみると、これらの読物は、よく一般紙である読売新聞に連載されたものだと不思議に思う。これは、村松氏の書き方が小説風で新聞小説としても読めるような内容だったからであろう。

二〇〇七年九月から、十二月まで東京新聞夕刊で「本は世につれ　戦後ベストセラー考」という連載読物を執筆するようになった時、思い出したのは、村松氏の「近世名勝負物語」であった。

出版に関する話を「近世名勝負物語」のように一般読者を対象として書けないだろうか、そういうことを考えたのである。ただし、村松氏のように小説風でなく、書かれた資料をコラージュするという方法で読物にできないだろうかと考えた。

それでいながら、できるだけ、物語風に話を展開することを意識して書いたのが、東京新聞の連載であったが、前半を詳しく書き過ぎて、後半が走り書きとなった。それを加筆し、さらに前半も加筆してまとめたのが、この本である。

本にするに際して、題名は改めた。本書は戦後ベストセラー史ではあるが、全てのベストセラーをとりあげているわけではなく、自分なりにとりあげる本を選んでいる。そして、それらの本について書かれた資料を参照し、知られざる事実を明らかにするように努めた。利用させていただいた本や雑誌の記事の執筆者にお礼を申しあげたい。また、連載の場を与えていただいた東京新聞文化部長の後藤喜一氏と、連載に早くから目をとめられ、出版していただいた水曜社社長の仙道弘生氏に感謝の意を表したい。そして編集にあたられた皆様にも。

植田　康夫

二〇〇九年二月吉日

植田康夫 うえだ　やすお

1939年広島県生まれ、上智大学文学部新聞学科卒。『週刊読書人』編集長を経て、上智大学文学部新聞学科助教授、教授を歴任。2000年～08年に日本出版学会会長。現『週刊読書人』編集主幹。主著に『現代マスコミ・スター』『編集者になるには』『売れる本100のヒント』『ベストセラー考現学』『新装版 現代の出版』『自殺作家文壇史』など。

本は世につれ
ベストセラーはこうして生まれた

二〇〇九年三月三日　初版第一刷

著者　植田 康夫
発行者　仙道 弘生
発行所　株式会社 水曜社
〒160-0022 東京都新宿区新宿一-一四-一二
電話 〇三-三三五一-八七六八
ファックス 〇三-五三六二-七二七九
www.bookdom.net/suiyosha/
印刷所　大日本印刷
制作　青丹社

本書の無断複製(コピー)は、著作権法上の例外を除き、著作権侵害となります。
定価はカバーに表示してあります。乱丁・落丁本はお取り替えいたします。

© UEDA Yasuo 2009, Printed in Japan　ISBN978-4-88065-216-0C0095

第25回 日本冒険小説協会特別賞
最優秀映画コラム賞受賞!!

映画がなければ生きていけない

Vol.1『1999～2002』
Vol.2『2003～2006』

……つかの間の幸福を求めて僕は映画館へ通う。せめて映画でだけは夢を見たいと思う。そうなのだ、僕は様々な映画に励まされながら自前の人生を生きてきた……。

映画のワンシーンに自分の生き方を重ね、味わい深い文章で映画への想いを伝えるシリーズ。（Vol.3 続刊予定）

Vol.1『1999～2002』4-88065-183-4 C0074
Vol.2『2003～2006』4-88065-184-2 C0074
十河進 著 A5判並製 各2100円
全国の書店でお求めになれます。